U0922828

卢浮宫博物馆

红糖美学 著

世界博物馆全书 第一辑

華中科技大學出版社
http://press.hust.edu.cn
中国·武汉

有书至美
BOOK & BEAUTY

前言 Preface

世界博物馆全书系列，是我们对艺术与历史的深刻致敬。我们邀请您开启一段跨越时空的探索之旅，一起深入了解和欣赏世界级博物馆的珍藏。这一系列的创作源自我们对人类智慧和美学的敬畏：我们希望通过呈现各地博物馆中的文物精品，启发读者探索不同文明的交融与发展。博物馆，作为历史的见证者，不仅守护着人类过去的辉煌，更是启迪未来的灯塔。

每一座博物馆都是一个独立且丰富的“文化宇宙”。它们不止是静默的艺术品和历史进程的展示空间，更是人类在历史长河中不断探索、理解和创造文明的见证。这些知识的殿堂，作为文化传承与对话的桥梁，使我们得以与远古的智者沟通，感受历史的脉动。

卢浮宫博物馆，这座位于塞纳河畔的历史悠久的艺术殿堂，以其无与伦比的丰富藏品和独特的文化价值闻名于世。我们选择深入介绍卢浮宫博物馆，不仅因为历史与艺术在此交会，更因为它是人类文明进程中的一个重要标志。在这一册中，我们将聚焦于神秘微笑的《蒙娜丽莎》、雄伟姿态的《胜利女神》等世界知名艺术品，深入探讨这些杰作背后的艺术价值、历史背景及它们对人类文明的深远影响。我们旨在通过这些卓越的艺术和文化代表作，引领读者进入艺术领域去思考和感悟，让每一位读者在欣赏美的同时，也能深刻感受到那些跨越时空的文物所承载的历史意义和文化价值，体会它们在塑造和丰富人类文明中，不可替代的独特性。

这是一次独特的心灵旅行，一次让您欣赏艺术与历史碰撞的结晶的机会。在这个旅程中，我们希望您不仅能够发现艺术的美，更能感受到藏品背后的生命力和文化深意，品味那些跨越时空的故事，理解这些人类共同的文化遗产。这不仅是一次对博物馆的探索，更是一次对人类历史、文化和艺术的深入理解和感悟。我们期待这不仅能丰富您的知识宝库，更能成为激发您对艺术和历史深度思考的灵感之源。

目录 Contents

8 博物馆概况

10 位置与规模

11 发展历程

12 藏品概况

15 展览设置

17 博物馆展览分布图

18 镇馆之宝

20 蒙娜丽莎 跨越500年的“神秘微笑”

文物小知识

22 惊世盗案：世界名画的诞生之路

24 米洛的维纳斯 女性永恒美的象征

文物小知识

27 不完美之美：维纳斯的独特魅力

28 《汉谟拉比法典》石碑 世界上最早的成文法典

文物小知识

30 揭开起源：《汉谟拉比法典》是如何诞生的

32 馆藏珍品

34 雕塑

36 萨莫色雷斯岛的胜利女神 动态美的杰作

文物小知识

38 逐步发现：碎片拼凑成的胜利女神

40 拯救普赛克的厄洛斯 新古典主义的杰出代表

42 垂死的奴隶 文艺复兴的杰作

44 坦尼斯的狮身人面像 力量、权威和神秘的象征

46 盘腿而坐的书吏 工艺精湛的古埃及杰作

文物小知识

48 书吏：古埃及的重要职位

50 绘画

52 自由引导人民
浪漫主义的杰作

文物小知识
54 法国七月革命事件

56 拿破仑一世的加冕典礼
新古典主义绘画的杰作

文物小知识
58 拿破仑：传奇的一生

60 大宫女
古典裸体艺术的杰出代表

62 萨宾妇女
新古典主义的名作

64 路易十四画像
法国宫廷奢华的象征

文物小知识
66 “太阳王”路易十四

68 皇室用具

70 路易十四的珠宝箱
巴洛克风格的艺术珍品

文物小知识
72 波旁王朝的工艺珍宝

74 摄政王钻石
世界上最美的钻石之一

76 查理五世权杖
权力的象征

78 杂器

80 苏杰尔之鹰
哥特风格的起源

82 阿勒穆黑哈圣体盒
伊斯兰精致工艺的杰作

84 孔雀瓷盘
精美的伊斯兰陶瓷工艺品

86 弓箭手檐壁
独特的古波斯艺术

94 法国其他博物馆名录（节选）

MUSEUM OVERVIEW

博物馆概况

卢浮宫博物馆（以下简称“卢浮宫”），是世界上著名的艺术博物馆之一，位居“世界四大历史博物馆”之首，也是巴黎市中心最知名的地标性建筑，在法国乃至世界文化生活中都扮演着极其重要的角色。

位置与规模

卢浮宫，最初是法国国王的皇宫，后来逐渐转变为艺术博物馆（卢浮宫博物馆），坐落于世界五大国际都市之一的法国首都巴黎，位置在巴黎市中心的塞纳河右岸，巴黎歌剧院广场南侧，毗邻杜乐丽花园。这个位置堪称巴黎的心脏地带，不但是巴黎经济文化的中心，也是世界文化交流的重要场所。

历史上卢浮宫历经多次扩建，今天的卢浮宫，是一座主要融合了古典主义和巴洛克建筑风格的、整体呈U字形的宏伟宫殿群。其内部用来展示藏品的数百个大厅富丽堂皇，每个大厅四壁及顶部都有精美的壁画及精细的浮雕。卢浮宫的标志性建筑，是由华裔建筑设计师贝聿铭设计的金字塔形玻璃入口。

卢浮宫的内部，按照艺术品的来源地和种类分为六大展馆，即东方艺术馆、古希腊及古罗马艺术馆、古埃及艺术馆、珍宝馆、绘画馆及雕塑馆。每个展馆下又设多个展厅，总展厅达198个，最大的展厅长205米。这些展厅主要分布在卢浮宫三大主体建筑翼楼中，分别是南侧的Denon翼楼，东侧的Sully翼楼，北侧的Richelieu翼楼。此外，卢浮宫还拥有诸如Hall of Apollon（阿波罗厅）、Rubens-Saal展厅等特色显著的展示空间。

发展历程

作为世界上最古老的博物馆之一，卢浮宫始建于中世纪，从最初的防御性军事城堡，发展到今天世界著名的艺术博物馆之一，前后历经800多年，经过了多次转变与扩建，已成为法国历史的见证者。

早期历史

1204年，法王菲力普二世下令修建一座防御性军事城堡，即卢浮宫，最初这里只用来存放王室财宝、武器以及拘押战俘。14世纪，查理五世对卢浮宫进行改造并搬迁至现址，标志着卢浮宫成为王室居所的开始。1546年，弗朗索瓦一世下令拆毁原有宫殿，按文艺复兴时期风格改建，奠定了卢浮宫作为法国文艺复兴时期重要建筑的基础。此后数百年间，多位法国国王陆续对卢浮宫进行扩建，使其规模不断扩大。至1682年，路易十四将宫廷迁往凡尔赛宫，但卢浮宫仍是重要的皇家社交场所。

大革命时期

法国大革命期间，卢浮宫的命运发生了改变。1791年5月，国民制宪会议宣布，将卢浮宫作为“汇集所有科学和艺术纪念的地方”。1792年5月，国会议会宣布卢浮宫将属于大众，成为公共博物馆。1793年8月10日，在法国君主制灭亡一周年之际，卢浮宫被称为“法国博物馆”，向公众开放。由此，卢浮宫成为世界上第一个真正意义上的国家博物馆。

拿破仑时代至现代

拿破仑即位后，修建了卡鲁索凯旋门等建筑，并把欧洲众多艺术品搬进了卢浮宫。拿破仑三世时期，进行了更大规模的维修翻建，完善了整个卢浮宫建筑群。进入20世纪，卢浮宫开始进行现代化改造。1981年，法国政府决定实施大卢浮宫工程。在卢浮宫中央广场上，由华裔建筑设计师贝聿铭设计的金字塔形玻璃入口，成为卢浮宫标志性的现代元素。整修后的卢浮宫于1989年重新开放至今。

藏品概况

卢浮宫是全球重要的艺术收藏机构之一，拥有40多万件藏品，涵盖了从史前时代至19世纪的众多艺术作品与历史文物，其中不乏世界级的著名艺术品。这些珍贵的文化遗产，共同书写了人类创造力和艺术成就的历史长卷。

绘画馆

卢浮宫的绘画馆所收藏的绘画作品的数量和珍贵程度是世界上其他艺术馆所不能比拟的。绘画馆共有35个展厅，2200多件展品，包含了从中世纪至19世纪的欧洲绘画作品，其中三分之二是法国画家的作品，三分之一来自外国画家。绘画馆最著名的莫过于达·芬奇的《蒙娜丽莎》，其他还有诸如拉斐尔、鲁本斯、凡·戴克、德拉克洛瓦等大师的作品。

雕塑馆

雕塑馆建于1817年，有展厅27个，收藏文物1000多件，陈列着各种材质和风格的雕塑作品，反映了从中世纪到19世纪西方雕塑艺术的发展历程。作品中大多数是宗教题材，少部分是表现人体和动物的。比较著名的雕塑作品有《基督受难头像》《十字架上的耶稣》《圣母与天使》等。

古埃及艺术馆

古埃及艺术馆建于1826年，共有23个展厅，收藏文物7.1万件，展出6000多件。主要展示了古埃及文明的历史文物，如石碑、雕像、木乃伊、日常用品以及神庙装饰等。

东方艺术馆

东方艺术馆建于1881年，共有24个展厅，3500件展品。展品主要来自西亚和北非地区，包括叙利亚、黎巴嫩、巴基斯坦、伊朗等国，涵盖雕像、石刻、泥像等。其中最有名的，一件是带翅膀的牛身人面雄伟雕像（公元前8世纪），另一件是公元前2000年左右巴比伦的《汉谟拉比法典》。

古希腊及古罗马艺术馆

古希腊及古罗马艺术馆，大约于1800年向公众展出，内有7000余件藏品，包含大量古希腊、古罗马时期的雕塑、陶器、金属制品和玻璃艺术品。雕塑在该馆内占主导地位，其中最受世人赞美的雕塑作品，一是“萨莫色雷斯岛的胜利女神”，一是“米洛的维纳斯”。

珍宝馆

珍宝馆也被称为装饰艺术馆，收藏了大量金银器皿、珠宝、家具、挂毯、钟表、玻璃工艺品等精美的艺术品，其中不乏宫廷用具，反映了不同历史时期的皇室奢华生活和工匠的高超技艺。

除了这六大展馆，卢浮宫还拥有版画和素描部门，保存了数以万计的图纸、版画、水彩画和素描作品。此外，还有大量中世纪及文艺复兴时期的艺术品、伊斯兰艺术品、亚洲（中国、日本等国）艺术品、古代近东艺术品（涵盖美索不达米亚、波斯帝国等地的珍贵文物）。这些共同构成了丰富多元的艺术殿堂。

展览设置

卢浮宫的展览设置体现了其作为世界最大和最重要的博物馆之一的地位，展览空间经过巧妙布局和精心设计，最充分地展示了其丰富多样的馆藏艺术品。展览分为永久展览和临时展览两种。

◆永久展览

卢浮宫的永久展览有三个展馆，分别是德农馆、叙利馆和黎塞留馆。每个展馆都有三层，相互之间有通道相连。三个展馆内部包含多个展厅，按照艺术品的历史时期、风格和地区进行分类展出。

① 德农馆：这个展馆主要展出三方面内容，一是古希腊、伊特鲁里亚、古罗马的雕塑作品；二是17世纪至19世纪的法国油画；三是意大利及西班牙的油画。闻名世界的卢浮宫三宝《蒙娜丽莎》《米洛的维纳斯》和《萨莫色雷斯岛的胜利女神》都在这个展馆内。可以说，这是卢浮宫最重要的展馆。

② 叙利馆：这个展馆主要展示欧洲中世纪至19世纪的艺术品和文物，以及一部分古埃及文物。这里包含了古埃及艺术馆、中世纪至文艺复兴时期的艺术品、古代近东艺术、卢浮宫历史建筑遗迹。通过叙利馆的展览，人们能够更深入了解人类文明史上的不同阶段和重要成就。

③ 黎塞留馆：这个展馆主要展出远东、近东、伊斯兰文物；14世纪至17世纪的法国油画；德国、尼德兰和佛兰德斯油画；其他绘画和形象艺术。这里包含了装饰艺术部，版画及素描部，伊斯兰艺术部，此外还有古波斯帝国和其他古代近东文明的艺术品、部分亚洲艺术藏品等。黎塞留馆有着精致的室内装饰和布局，展示了法国皇家宫殿的历史风貌。

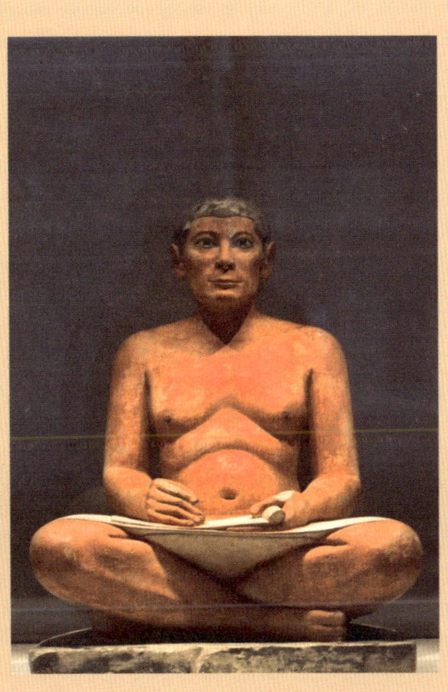

◆ 临时展览

除永久展览外，卢浮宫还会举办各种临时展览，展示国际和本土艺术作品以及与全球各地博物馆的合作项目等。例如，2022年4月到7月，馆内策划了“上下埃及的法老 古埃及史话中的非洲篇章——纳帕塔国王”特别主题展；2023年6月到2024年1月，联合意大利卡波迪蒙特博物馆举办了“那不勒斯在巴黎”特别展览。

在卢浮宫卡鲁塞尔展厅，每年还会举办两次ART SHOPPING全球当代艺术展。这个展览由来自法国、德国、英国、美国、瑞士、西班牙、意大利、日本、中国等国家的艺术机构组织艺术家的作品参与，为全球各国的艺术家提供了世界性的展示舞台。

“方形沙龙”是卢浮宫内一个非常著名的临时展厅，位于德农馆一层，因其四方形的布局而得名，一些著名作品如《蒙娜丽莎》就曾长时间在此展出，直至后来被转移至独立展厅中。

作为世界知名的艺术博物馆之一，卢浮宫一直在运用高科技手段来提升参观体验、保护艺术品以及进行学术研究。例如，利用3D模拟和增强现实（AR）技术，使游客能以全新的方式欣赏艺术作品；开发可供下载的智能手机和平板电脑应用程序，提供包括3DS音频游览在内的智能导览服务；通过VR技术将馆内的部分艺术收藏向全球观众展示；在其官方网站上发布数字展览内容，便于远程访问者在线浏览。

除了展出其丰富的藏品外，卢浮宫还会经常举办一些公共活动，例如讲座与学术研讨会、为儿童和成人提供工作坊、亲子活动项目、音乐会与表演、电影放映等，以帮助人们提升文化素养，加强与世界各国的文化交流，彰显其世界级博物馆的文化价值，提升国际影响力。

博物馆展览分布图

1层
1 蒙娜丽莎
2 萨莫色雷斯岛的胜利女神
3 自由引导人民
4 拿破仑一世的加冕典礼
5 大宫女
6 萨宾妇女
7 摄政王钻石
8 苏杰尔之鹰
9 查理五世权杖
10 路易十四画像
11 路易十四的珠宝箱
12 坦尼斯的狮身人面像
13 盘腿而坐的书吏
0层
14 《汉谟拉比法典》石碑
15 拯救普赛克的厄洛斯
16 垂死的奴隶
17 米洛的维纳斯
18 弓箭手檐壁
-1层
19 阿勒穆黑哈圣体盒
20 孔雀瓷盘
黎塞留馆
2层
黎塞留馆
叙利馆
德农馆
1层
黎塞留馆
叙利馆
德农馆
0层
黎塞留馆
叙利馆
德农馆
-1层
黎塞留馆入口
米歇尔·拉考特演播厅
叙利馆入口
-2层

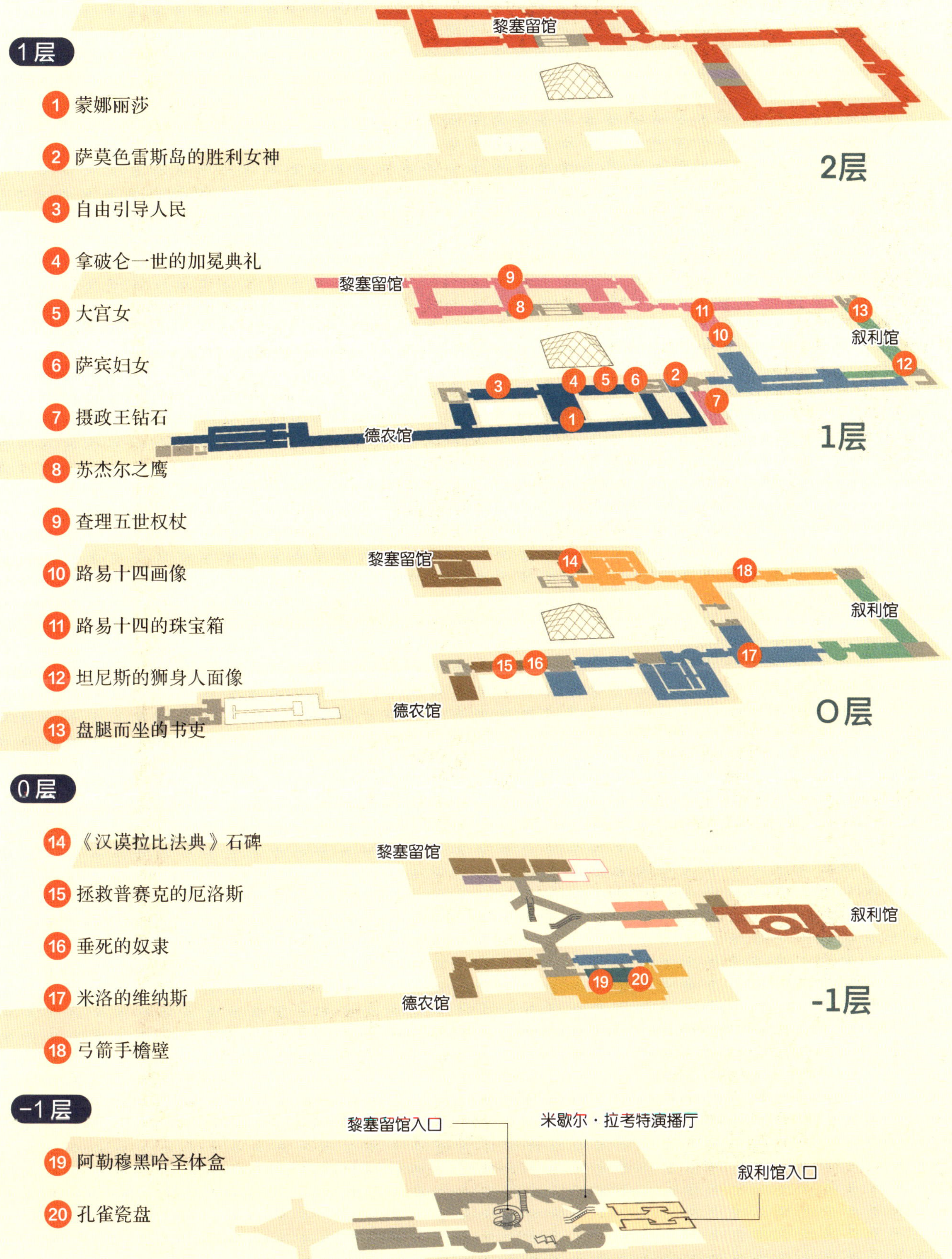

MUSEUM'S TREASURE

镇馆之宝

蒙娜丽莎

跨越500年的『神秘微笑』

创作者： 达 · 芬奇
创作年代： 约1503年—1506年
类型： 木板油画
尺寸： 长77厘米；宽53厘米
来源地： 意大利

达 · 芬奇打破了传统肖像画仅仅呈现人物头部或侧面的法则，从头到腰呈现了完整的正面半身像。采用稳定的金字塔构图，人物身体和手部动作形成一个微妙的三角形，将观者的视线引导到人物面部。画面透视点略微上升，增强了空间纵深感。背景中桥梁、道路和山水错落有致，增加了画面纵深感和层次感。整体构图使得蒙娜丽莎的面部，尤其是微笑成为画面焦点，赋予作品一种宁静而神秘的氛围。

《蒙娜丽莎》是列奥纳多·达·芬奇创作的16世纪早期肖像画，被认为是艺术史上的杰作之一，卢浮宫三大镇馆之宝之一。她以神秘的女性半身形象和独特的微笑而闻名，她的身份到现在仍然是一个未解之谜。

整幅画采用柔和且富有层次感的暖褐色调，以大地色系为主，包含黄褐色、深褐色、橄榄绿及一些蓝色和灰色。这些色彩相互融合，和谐统一，构建出一种宁静而沉稳的氛围。多层次色彩渐变和叠加，使画面暗部既富含深度又具细腻表现力，避免了单一色彩带来的死板感觉，增加了画作的生动性和神秘感。背景河流、山峦等采用较冷色调，与前景人物温暖色调形成反差，进一步凸显人物形象，营造出深远的空间感。

在《蒙娜丽莎》中，达·芬奇运用了一种特别技法"晕涂法"。该技法以极为微妙的颜料混合，进行多次薄涂，模糊色彩之间的界线，使画面中物体的轮廓线变得模糊，呈现出渐变和晕染的效果，产生如烟雾般朦胧的意境。这种技法运用在绘制蒙娜丽莎脸部皮肤时，脸部从阴影到明亮，光线的过渡非常自然，难以察觉，模糊了轮廓，产生晕染效果，最终形成了神秘莫测的微笑。

小提示

晕涂法，也称作渐隐法、薄雾法等，是文艺复兴时期的一种绘画技法，用色彩调和的方法使得绘画主体轮廓变得模糊、柔和，以创造朦胧的过渡效果。晕涂法最重要的实践者是达·芬奇，他的名作《蒙娜丽莎》便是使用晕涂法的代表，这种方法也是达·芬奇艺术风格的重要标志之一。除了达·芬奇，柯雷乔、拉菲尔、乔尔乔内等艺术家也都以晕涂法见长。

皮肤晕染效果

文物小知识

惊世盗案：世界名画的诞生之路

《蒙娜丽莎》大约创作于1503年—1519年，耗时4年。画作完成后，达·芬奇一直带在身边。1519年，达·芬奇去世，当时的法国国王弗朗西斯一世花4000埃居（法国货币）买下《蒙娜丽莎》，将其收藏在法国枫丹白露宫。到了路易十四时期，《蒙娜丽莎》被转移到了凡尔赛宫。16世纪，《蒙娜丽莎》被涂上清漆。法国大革命后，从1797年开始，《蒙娜丽莎》在卢浮宫永久展出。来到卢浮宫的《蒙娜丽莎》，最初在艺术界并不广为人知。从1860年开始，才有一部分法国知识分子称赞它是文艺复兴时期绘画的杰作。但随后发生的一起盗窃案，让它开始真正拥有世界声誉。

1911年《蒙娜丽莎》失窃后的墙面

案发时

1911年8月20日，曾经担任卢浮宫油漆匠的温琴佐·佩鲁贾在闭馆时躲进储藏室，趁着第二天周一休馆取走了《蒙娜丽莎》。馆方直到8月22日才发现画不见了，于是赶紧闭馆一周调查，并开出了高额悬赏金。名画被盗震惊了巴黎，案件随着时间的推移逐渐发酵，全球各大媒体也争相报道，这让《蒙娜丽莎》逐渐在世界范围内有了知名度。

失而复得

两年后，案件终于告破，佩鲁贾被抓。他声称《蒙娜丽莎》是意大利的财产，他只是想把它送回意大利。他的话获得了意大利国民的广泛同情，因此最后只是被象征性地拘禁了6个月。失而复得的《蒙娜丽莎》再次回到卢浮宫，被严加保护起来。从此以后，《蒙娜丽莎》一跃成为世界名画。

EXCELSIOR

Journal Illustré Quotidien

LES ÉTRENNES DE LA FRANCE : LA "JOCONDE" EST REVENUE

1914年1月1日的头条新闻

"蒙娜丽莎回来了"

“蒙娜丽莎”原型之谜

mihi gratiſſimum. Sed uellem non ſolum ſalutis meae quē
admodum medici : ſed ut aliptae etiā uirium & coloris ra
tionē habere ualuiſſent. Nūc ut Appelles Veneris caput
& ſumma pectoris politiſſima arte perfecit : reliquam partē
corporis incohatam reliquit : ſicquidam homines in capi
te meo ſolum elaborarunt : reliquum corpus imperfectū
ac rude reliquerunt. In quo ego ſpem ſefelli : non modo
inuidorum : ſed etiam inimicorum meorum : qui de uno
acerrimo & fortiſſimo uiro : meo que iudicio omnium ma

阿戈斯蒂诺·韦斯普奇在1503年所写的边注，其中提到“蒙娜丽莎”原型是丽莎

自《蒙娜丽莎》诞生以来，关于其原型是谁的争论一直存在，众说纷纭。其中最普遍的说法是，蒙娜丽莎的原型是意大利贵族女子丽莎·格拉迪尼，她是佛罗伦萨富商弗朗切斯科·德尔·吉奥孔多的妻子。吉奥孔多是达·芬奇父亲皮耶罗的好友兼邻居，丽莎是他的第二任妻子，他们感情和睦，育有5个子女。《蒙娜丽莎》被认为完成于丽莎24岁那年。达·芬奇受父亲的委托，为她画了这幅画。这也是为什么《蒙娜丽莎》有时会被称为“*La Gioconda*”，意大利语的意思就是“吉奥孔多家的女士”。

此外，也有一些人认为，《蒙娜丽莎》的原型是伊莎贝拉·埃斯特。她是曼切华公国的侯爵夫人，也是意大利文艺复兴时期最著名的艺术赞助人。资料显示，达·芬奇曾是她姐姐的宫廷画家，此前也画过几幅她的肖像画，其中一张铅笔素描图目前保存在卢浮宫，和《蒙娜丽莎》中的女子面容有相似之处。这种说法目前具有争议性。

除以上两个原型，还有其他几位女性也被认为是蒙娜丽莎的原型，包括弗兰卡维拉公爵夫人、卡特琳娜·斯福尔扎等人，甚至达·芬奇本人都被猜测是蒙娜丽莎的原型人物。还有一些其他说法，比如有人认为原型可能是达·芬奇的情妇，或者达·芬奇的母亲卡特琳娜，或一个穿着女装的少年，不一而论。

达·芬奇绘制的《伊莎贝拉剖面图》

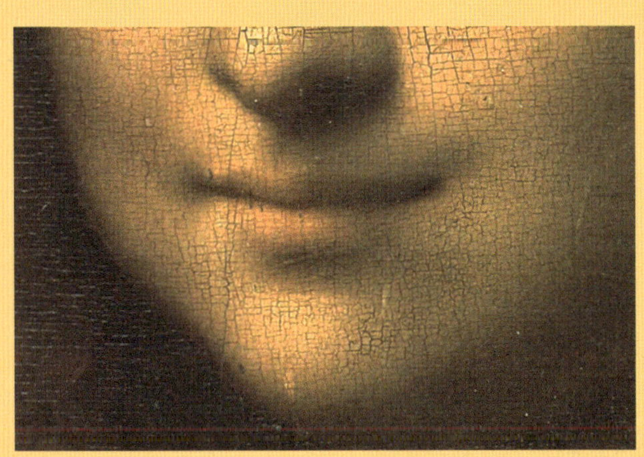

《蒙娜丽莎》的嘴部细节

神秘的微笑

《蒙娜丽莎》以其神秘的微笑闻名于世。画面中，女子的目光朝左看，嘴角微微上扬，展现出一个极其神秘的微笑。“晕涂法”使人物表情更加柔和而富有层次，微笑看起来微妙且难以捉摸，其中所包含的情绪也复杂多样，介于高兴与忧郁之间，微笑的蒙娜丽莎既端庄又美丽，甚至带有某种哲学上的沉思。

2003年，美国哈佛大学生物学教授玛格丽特·利文斯通研究发现，《蒙娜丽莎》的微笑实质是“一种错觉”。当人们专注于一个物体或区域时，视觉系统会将周围的事物模糊或忽略，以更好地专注于目标物体。达·芬奇正是通过绘制使周围阴影与脸部光亮的过渡自然、模糊，增强了《蒙娜丽莎》微笑的神秘感。

米洛的维纳斯

女性永恒美的象征

雕像上半身为裸体，下半身围着宽松的裹裙，左腿微微提起，重心落在右腿上，头部和上身略微向右，面部则转向左前方，全身形成了自然的“S”形曲线。雕像左臂从肩膀关节下遗失，右臂只剩下部分上臂。虽然手臂残缺，但雕像整体身材端庄秀丽，骨丰肉润，上、下半身微微扭转的姿势，使半裸的身体呈现出十分和谐而优美的螺旋形上升体态，充满了艺术魅力。

创作者：亚历山德罗斯
创作年代：
约公元前 150 年—公元前 125 年
类型：大理石雕塑
尺寸：高 204 厘米
来源地：希腊米洛岛

米洛的维纳斯也称米洛斯的阿芙洛狄忒、断臂维纳斯，是一座古希腊雕塑，也是卢浮宫三大镇馆之宝之一。这座雕塑来源于希腊的米洛岛，并因此得名。雕像描绘了一位失去双臂的半裸女性，她优美的身体线条和恰当、合理的比例使她成为世界雕塑史上的一件重要作品。

雕像由几块帕罗斯大理石雕刻组合而成，分上半身和下半身两部分，上、下两部分在胯部相连，连接处巧妙地隐藏在维纳斯胯间围裹的衣褶波浪中。手臂也是单独雕刻后再与上半身相连。这种拼接的雕刻制作方法与同时代许多雕塑作品类似，并非用整块石料雕刻而成，而是分几部分分别雕刻，然后再拼接组装在一起。

这件雕塑所塑造的女神维纳斯，具有希腊妇女的典型特征：直鼻、椭圆脸、窄额、下巴丰满。这说明，希腊人是按照自己的形象来塑造他们的神。雕塑面容平静，眼神安详自信，唇角微翘，没有羞怯和造作，给人以端庄、矜持而富有智慧之感，流露出希腊雕塑艺术鼎盛时期的审美取向，充满着古典主义的理想美。

小提示

维纳斯，是古罗马神话中爱与美的女神，古罗马十二主神之一，在古希腊神话中被称为阿芙洛狄忒。传说她是大地女神盖娅和天空之神乌拉诺斯的孩子，美貌非凡，不但吸引了众神的瞩目，也引发了人间无数的爱情故事。她的儿子是小爱神丘比特。

米洛岛上的夕阳

从米洛岛到卢浮宫

1820年2月，在爱琴海的希腊岛屿米洛岛上，一个名叫伊奥尔科斯的农民无意间挖出了一座大理石雕像。他将这一发现报告给了当地的法国领事布莱斯特，布莱斯特在亲自查看后，意识到这可能是一件重要的艺术品，于是一方面向农夫表示愿意出高价收购，一方面赶紧写信向驻君士坦丁堡的法国大使报告，请求政府批准汇款来收购雕像。

然而，雕像的发现引起了许多人的关注，当时在土耳其任职的一位希腊官员也想买它，并且出价很高。于是，岛上的长老命令伊奥尔科斯将雕塑卖给希腊大官。因此，当法国人赶到岛上准备带走雕像时，雕像已被运到一艘悬挂着希腊国旗的土耳其货船上，准备起航。一场关于雕塑的争夺由此展开。据说，在混乱中，雕像被推倒在地，双臂自此遗失，后来不知所踪。

路易十八画像

最后，法国人向米洛岛当局投诉，请求公平解决雕塑的归属权问题。当局调查后，宣布与土耳其人的买卖无效，命令希腊人将雕像还给法国人。就这样，法国人最终获得了这件无价之宝。1821年3月2日，这座雕像被作为礼物献给法国国王路易十八。从这一天开始，它便成为法国国家财产，并被陈列于卢浮宫特辟的专门展室中。

小提示

黄金分割之美

米洛的维纳斯，是举世公认的女性人体美的典范，因为她的身体比例完全符合黄金分割的人体美比例关系。黄金分割的比例关系是1：1.618，用在人体上，就是以肚脐为分界点，将人体分为上、下两部分，而匀称的人体上、下两部分比例正好是1：1.618。因为这个比例接近于3：5，而人体的高度一般为8个头的高度，把总高度分为头、颈下至肚脐、肚脐至脚三段的话，三段比例就刚好是1：2：5的整数比，这就是人体美的标准规则。古希腊人在艺术中对黄金分割率的运用非常多，许多雕塑作品都运用了黄金分割率来体现美感。

不完美之美：维纳斯的独特魅力

米洛的维纳斯是世界上非常著名的艺术品之一，她的身上有太多的谜题，这种神秘给人留下了想象的空间，让她具有独特的魅力。

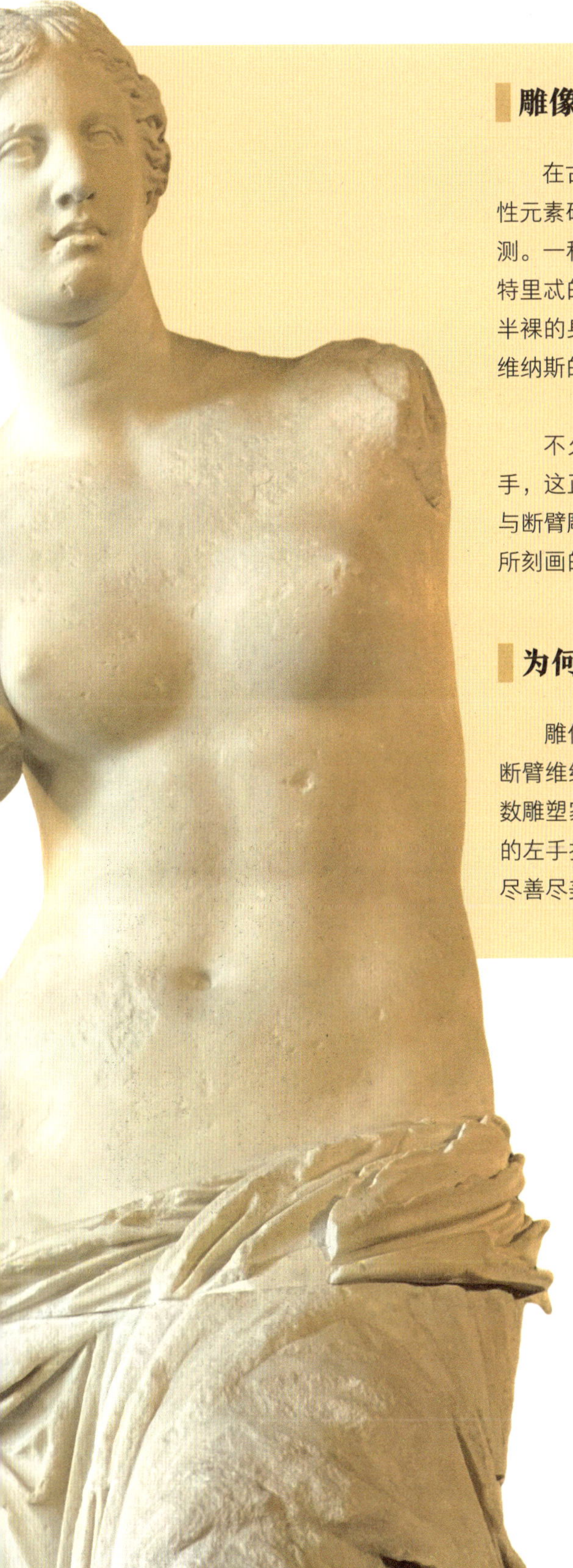

雕像身份是怎样确认的

在古希腊、古罗马艺术作品中，一般是通过人物手中的物品或其他标志性元素确定神祇形象身份。最初，在确定雕塑形象身份问题时，有过不少推测。一种猜测认为，她是米洛岛上受人敬仰的海洋女神安菲特里忒。但安菲特里忒的艺术形象特点是头戴王冠、手持权杖，与这座雕像不符。有人从她半裸的身躯推测，她是美神阿芙洛狄忒，也就是古罗马神话中的维纳斯。而维纳斯的艺术形象标志性特征是手持苹果与镜子柄。

不久之后，在这座雕像出土地点附近，人们又发现了一只拿着苹果的手，这正是美神维纳斯的艺术形象元素之一。通过鉴定，这只拿着苹果的手与断臂雕像的大理石是同样的材质。由此，人们判定，这座残缺双臂的雕像所刻画的人物，正是美神维纳斯。

为何一直是断臂

雕像的身份确认了，那残缺的双臂要不要补全呢？据说，路易十八收到断臂维纳斯后十分高兴，立刻召集全国的工匠，要给雕像重新接上断臂。无数雕塑家和工匠设计出了许多方案，有的一手下垂，另一只手举着鲜花；有的左手托苹果，右手拽衣衫。然而，却没有一个方案能使续臂与雕像配合得尽善尽美，最终只能维持原貌。

卢浮宫2010年印刷的中文版画册中提到，早在19世纪，德国艺术家阿道尔夫·富尔特万格拉就考证出了《米洛的维纳斯》双臂的复原方案。他根据希腊神话中维纳斯的形象，推测维纳斯左手举着一只金苹果，通过残留在衣袂上的一片铜钱大小的磨痕，以及右边肩膀肌肉纹理显示的胳膊走向，推测右手应该是搭在左腰附近。但是法国考古专家一致认为，复原后的维纳斯损害了人们心中断臂维纳斯的美感，卢浮宫最终决定不去复原维纳斯的断臂。

米洛的维纳斯修复想象图

世界上最早的成文法典

《汉谟拉比法典》石碑

石碑正、反两面都刻有楔形文字书写的阿卡德语碑文。正面顶部刻着展现“神授权柄”场景的浮雕，下端是法典铭文。整个碑文共3500行，被划分成51栏（现存44栏），其中正面23栏（现存16栏），背面28栏。

创作年代：约公元前1776年
类型：黑色玄武岩雕刻
尺寸：高约225厘米；宽约79厘米
来源地：埃兰古城苏萨（今属伊朗）

《汉谟拉比法典》石碑，是一块黑色的玄武岩石碑，上面刻着古代巴比伦国王汉谟拉比统治时期颁布的一部法典——《汉谟拉比法典》。这部法典是历史上已知最早的系统性成文法典之一，反映了古代巴比伦社会的法律体系和文化价值观，对后来的法律体系产生了深远影响。

《汉谟拉比法典》全文分为序言、正文和结语三部分。序言部分，汉谟拉比列举和颂扬了自己的丰功伟绩，称自己是“巴比伦的太阳”，宣扬“君权神授”等思想，阐明制定法典的目的是“为人民造福”。正文共282条法律，包括诉讼手续、损害赔偿、租佃关系、债权债务、财产继承、处罚奴隶等。结尾除了继续对汉谟拉比歌功颂德之外，还强调了法典原则的不可改变性。

石碑上汉谟拉比在画面左侧以祈祷姿势面向右站立，代表信实与公义的太阳神沙马什端坐在画面右侧的神座之上，正将象征公义审判的量尺和绳圈交给汉谟拉比。

石碑上的法典内容涵盖了各种罪行和相应的刑罚，以及社会和商业规则。这块石碑的发现对于了解古巴比伦王国古代文明和社会结构具有重要意义，是最具代表性的楔形文字法典。

小提示

美索不达米亚，是古希腊时期两河流域的称谓，两河指的是幼发拉底河和底格里斯河。在这两条河之间的美索不达米亚平原上产生和发展的古文明，被称为“两河文明”或者“美索不达米亚文明”。两河文明的存续时间从公元前4000年到公元前2世纪，是人类最早的文明。苏美尔人是最先进入美索不达米亚平原的古代民族之一。苏美尔文明是美索不达米亚文明的一部分。

苏美尔文明考古城市乌尔

文物小知识

揭开起源：《汉谟拉比法典》是如何诞生的

《汉谟拉比法典》形成于中东地区的古巴比伦时期，代表了古代东方文明的伟大成就。它所彰显的法律特征之鲜明、条文规定之缜密、文字表述之准确，是其他早期法典所无法比拟的。

更早的法典

早在古巴比伦尼亚时代以前，两河流域就已经形成了在国内建立正义的立法传统。随着社会阶级分化日益严重，奴隶及平民与贵族阶层的矛盾越发尖锐，为了确保国家政权稳定，苏美尔城邦统治者便开始实施法治。

《乌尔纳木法典》残片

乌尔第三王朝时期，就制定了迄今所知的历史上第一部法典——《乌尔纳木法典》，法典中规定禁止欺凌孤儿、寡妇，禁止富者虐待贫者等。

汉谟拉比法典的历史意义

《汉谟拉比法典》是迄今为止人类早期立法史上保存得最完整的成文法典。在发现它之前，已经有一些法典被挖掘出来，但它们都是泥版残片。而《汉谟拉比法典》仅正文就保存下来了282条，使我们第一次完整地了解了古巴比伦时期的法律法规。

《汉谟拉比法典》较完整地继承了两河流域原有的法律精华，详尽地反映了古巴比伦王国的社会结构和阶级关系。其中有关奴隶制、土地所有制、家庭关系、债权债务、商业贸易等方面的规定，为现代学者提供了研究古代近东社会生活、经济活动以及法律思想的重要资料，也是古巴比伦王国奴隶制中央集权强大的标志之一。

法典编纂的鼎盛时期

到了古巴比伦尼亚时代，奴隶制经济和商品货币关系迅猛发展，土地和奴隶的私有制、租佃雇佣关系以及高利贷活动空前增长，两河流域开始进入法典编纂的鼎盛时期。阿摩利人统治下的各城邦，在继承苏美尔立法的基础上，制定了许多旨在维护奴隶主阶级私有制的法典，如伊新第五代国王制定的《李必特·伊丝达法典》、埃什努那国王制定的《俾拉拉马法典》、古巴比伦第一王朝第六代国王汉谟拉比制定的《汉谟拉比法典》等。

《李必特·伊丝达法典》粘土板

关于《汉谟拉比法典》颁布的具体原因，还有一个有趣的说法。据说，国王汉谟拉比每天都要处理大量案件，实在是难以应付。于是，他便让大臣把过去的一些法律条文统统收集起来，再加上当时社会上已经形成的习惯等，编纂成了一部法典，并把它刻在一根石柱上，竖立在古巴比伦的神殿里。这便是法典石碑的由来。

汉谟拉比（约公元前1810年—前1750年），又译作汉摩拉比、汉穆拉比、哈慕拉比等，是阿摩利人建立的古巴比伦王国的第六代君主。他于公元前1792年继位，经过一系列战争击败邻国，将古巴比伦的统治区域扩展到整个美索不达米亚，开创了强盛的巴比伦帝国，成为帝国第一任国王。

《汉谟拉比法典》石碑出土现场

MUSEUM
COLLECTION
TREASURES
馆藏珍品

萨莫色雷斯岛的胜利女神

动态美的杰作

萨莫色雷斯岛的胜利女神，雕刻的是带着羽翼的胜利女神站在船头的形象，整体雕塑包含底座、船头和女神塑像，总计高度为511厘米。女神头部和双臂缺失，背后两只巨大的翅膀雄壮有力，身体向左倾斜，似乎刚刚从天而降或者正要升腾而去，张力十足。雕塑整体呈现出强烈的运动节奏和力量美感。

创作年代： 约公元前200年

类型： 大理石雕塑

尺寸： 高约245厘米（女神像部分）

来源地： 希腊萨莫色雷斯岛

萨莫色雷斯岛的胜利女神，是一座令人叹为观止的古希腊雕塑杰作，也被称为“舍米提斯之胜”。这座雕像描绘了一位展翅欲飞的女神，站在船头，仿佛飞翔在空中。虽然头和双臂缺失，但她的雄壮和动感依然震撼。

在这座雕塑中，胜利女神上身前倾，羽翼飞扬，体现出胜利者的雄姿和欢呼凯旋的激情。海风似乎正吹拂而来，令她薄薄的衣衫紧贴身体，隐隐显露出丰满而富有弹性的身躯，充分体现出女性的形体美。衣裙的褶皱产生了疏密有致、生动流畅的动感，令人叹为观止。

向后飘扬的衣角和伸展的双翅构成了极其流畅的线条，腿和双翼的波浪线则构成了一个钝角三角形，凸显前进的态势。底座被设计成战船的船头，胜利女神立于其上，犹如从天而降，引导着舰队乘风破浪冲向前方。

小提示

古希腊神话中的胜利女神，名叫尼克，意为“胜利”。古罗马神话中对应的是维多利亚。尼克是泰坦神帕拉斯和斯梯克斯的女儿，也是克拉托斯（力量）、比亚（强力）和泽洛斯（热诚）的姊妹，他们全都是主神宙斯的同伴。传说尼克常带着翅膀，拥有惊人的速度，不仅象征着胜利，还代表着竞技体育领域中的成功，很多届奥运会奖牌的正面都是胜利女神尼克的浮雕形象。

文物小知识

逐步发现：碎片拼凑成的胜利女神

胜利女神雕像最初发现于当时还隶属奥斯曼帝国的萨莫色雷斯岛，出土以来历经多次修复，直至成为现在看到的样子。

1866年首次在卢浮宫展出的“无翼胜利女神下半身”

首次发掘

1863年4月，法国考古学家查尔斯·尚帕佐带领的一支法国考古队，在萨莫色雷斯岛上进行考古发掘时发现了这座雕像。当时，雕像已经残缺不全，在找到的110个碎块中，没有发现头部和手臂。这些残片很快被运回卢浮宫，经过4年精心的修复，雕像初见规模。

二次组装

1879年，尚帕佐重返萨莫色雷斯岛，又从许多大理石碎片中找到了雕像的船头形底座，并将其运回法国。随后，女神残缺的双翼也通过石膏进行了修复，复原出最初的形态。从1883年起，胜利女神雕像开始在卢浮宫中展出。

船头形底座

发现手部残片

之后，许多考古学家都试图找到胜利女神的头部和手臂，但大多都无功而返。1875年，一支奥地利考古队发现了女神的右手大拇指和部分无名指。1950年，法国考古学家让·夏伯诺又找到了手掌和无名指的另一部分。1967年，女神左手的残片也被发现。复原后的右手高27厘米，掌心朝天。

胜利女神像残缺的手

残缺双臂的猜想

现代发掘显示，胜利女神像原本是位于山丘山壁凿出的圣龛中，同一座圣坛一起，与德米特里一世战舰纪念碑对望，最初是萨莫色雷斯神庙建筑群的一部分，用来向伟大的诸神致敬。雕像的胳膊至今也未发现，但人们普遍认为女神的右臂是举起的，手指在唇边卷成杯状，传达着胜利的呐喊。

《萨拉米斯的海战》 威廉·冯·考尔巴赫

创作背景

萨莫色雷斯岛位于爱琴海之北，是古希腊时期一个战略要地和宗教圣地，该岛上的神庙被认为是供奉胜利女神尼克的场所。大多数意见认为这座胜利女神雕像是为了纪念公元前306年的萨拉米斯海战的胜利而建造。

德米特里的大理石胸像

托勒密的大理石胸像

萨拉米斯海战，发生在公元前306年塞浦路斯岛的萨拉米斯近海。亚历山大大帝去世后，为争夺马其顿帝国庞大的遗产，两位继承者托勒密和安提柯爆发了冲突。埃及总督托勒密在控制埃及后，进一步占领了塞浦路斯岛，并以此为基地向安提柯沿海领地发动军事行动。安提柯为了解决这个威胁，命令长子德米特里去夺取塞浦路斯岛。

德米特里收到命令后率军入侵该岛，从岛的东北角登陆，迫使敌人退回萨拉米斯城困守。随后，托勒密亲自率领埃及主力舰队前来救援，期望可以与城内守军一起夹击消灭德米特里的军队。但德米特里精心计算，集中舰队在敌人会合前先与托勒密舰队交战，海战的结果是德米特里大获全胜。此战后，整座岛都臣服于德米特里。

雄伟壮观的阶梯

在卢浮宫内，萨莫色雷斯岛的胜利女神展示在一个名叫“达鲁阶梯”的地方。这是一个通向古代希腊、伊特鲁里亚及罗马艺术馆区域的主要楼梯。整个楼梯宽阔壮观，气势非凡，沿着阶梯一路往上，便能看到胜利女神那激情昂扬的雕像。这个宏伟壮观的楼梯，为胜利女神雕像提供了一个无可比拟的展示布景，带来了令人惊叹的展示效果。

拯救普赛克的厄洛斯

新古典主义的杰出代表

作为新古典主义雕塑的代表作品之一，这座雕塑同样讲究构图的线条美感和律动的形式感。构图上，爱神向上伸展的翅膀、伸出的右腿和仰面横躺着的普赛克三者构成了一个稳定的 X 形。

爱神抱着普赛克，普赛克双手回抱，四臂彼此交叉，形成了内圆外展的形态，与两人柔美的姿态和放射形的动势相呼应，更加强了雕塑的轻盈感。

创作者：安东尼奥 · 卡诺瓦

创作年代：1787 年—1793 年

类型：大理石雕塑

尺寸：高约 155 厘米；宽约 168 厘米

来源地：意大利

拯救普赛克的厄洛斯，也称作普西莎与爱神，是意大利雕塑家安东尼奥·卡诺瓦创作的一座雕塑。这座雕塑以希腊神话中的一段爱情故事为灵感，刻画了爱神厄洛斯以一吻唤醒已逝去的普赛克的瞬间。该作品被认为是新古典主义的杰出代表，同时还带有新兴浪漫主义运动的特点。

普赛克身下衣物被雕刻得柔软细腻，更加强了整个作品柔美的基调，几乎让人忘了这是一块大理石。

小提示

这座雕塑描述的爱神厄洛斯与普赛克的故事，来自阿普列尤斯的小说《金驴记》。在小说中，女神维纳斯派普赛克去找冥界女王珀耳塞福涅收集一些美丽。普赛克收集到美丽之后，带着装满美丽的罐子返回。途中，她无法抵挡美丽的诱惑，偷偷打开了罐子。然而，罐子里装的并不是美丽，而是“沉睡于最为深沉的黑暗——冥河之夜”。就在她打开罐子的瞬间，睡眠冲破束缚渗透她整个身体，她立刻倒在了地上。后来，她的爱人厄洛斯找到了她，将睡眠从她体内驱走，用自己的箭将她唤醒。《普西莎与爱神》雕刻的正是这一时刻。

《赛姬与埃莫》（即厄洛斯与普赛克） 弗朗索瓦·杰拉德

这座雕塑描绘了一幅充满美感和情感的画面。雕塑中，刚刚苏醒的普赛克半躺着，上半身倾起，头向后仰，双手向上伸向他的爱人厄洛斯。而她身旁的厄洛斯，正俯下身子，温柔地用双手托着她的头和胸部。雕刻家精巧的技术将二人身上的光洁肌肤雕刻得真实细腻、充满美感。厄洛斯头发的线条和卷曲被呈现得优美流畅，其背部羽毛刻画精细，使双翼栩栩如生。

垂死的奴隶

文艺复兴的杰作

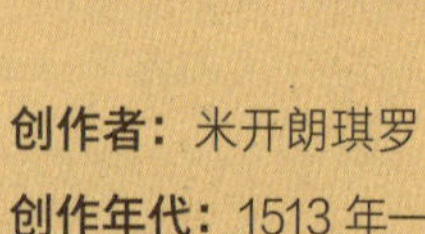

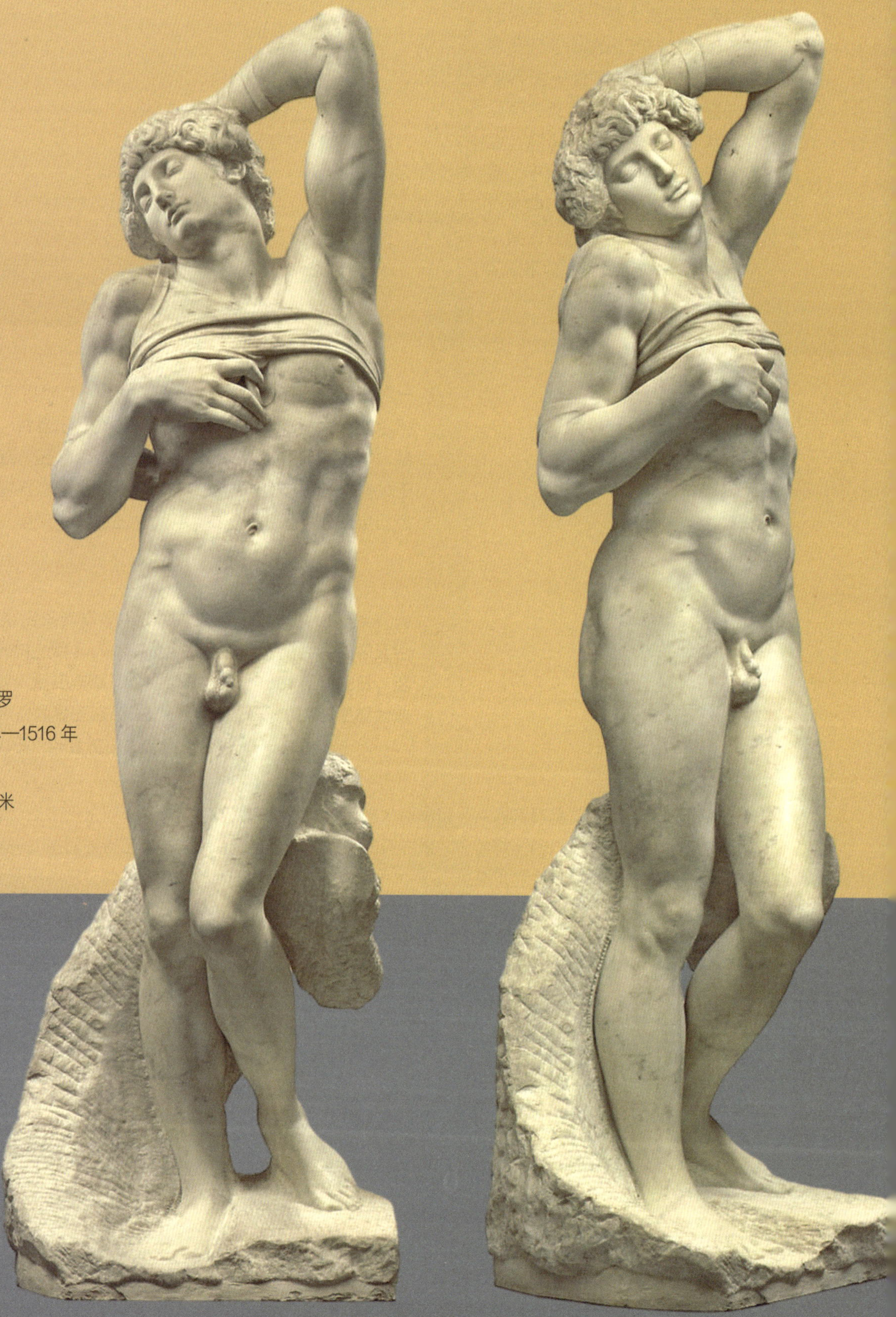

创作者：米开朗琪罗

创作年代：1513 年—1516 年

类型：大理石雕塑

尺寸：高约 215 厘米

来源地：意大利

垂死的奴隶，是文艺复兴时期意大利著名雕塑家米开朗琪罗创作的一座大理石雕像。雕像描绘了一个年轻男性的裸体形象。他容貌健美、身材结实、比例匀称，但却似乎正处于生死的边缘。

裸体男性呈站立姿势，以右脚站立，左脚自然地踮起，呈屈膝状。他的左手枕在扬起的脑后，右肘弯曲放在胸前，胸前则绑着一条绳索。他双目紧闭，看起来不像是垂死，更像是进入了深眠。

他上半身肌肉线条明显，呈现出紧张感，但这紧张感在下身逐渐消失了——下身光洁圆润的双腿显得舒展放松。这一切似乎都预示着，这个青年曾经为生命垂死挣扎过，但此时已然放弃。

《被缚的奴隶》雕塑

小提示

1505年，教皇尤利乌斯二世邀请了一大批意大利艺术家来罗马，其中也包括米开朗琪罗。教皇声称要对他们进行保护，但其真实目的却是让这些人为他建造一座陵墓。得知真相后，米开朗琪罗愤怒地逃回了佛罗伦萨。但很快，教皇就动用军事手段迫使他回到罗马。于是，他把心中的愤懑和屈辱全部寄托在了所创作的雕像上。《垂死的奴隶》就是在这样的背景下诞生的。

坦尼斯的狮身人面像

力量、权威和神秘的象征

坦尼斯的狮身人面像是一尊古埃及的雕像杰作，大约创作于公元前2600年。这座雕像外观很独特，将人类头部与狮子的身体相结合，构成了一个令人印象深刻的形象。狮身人面像在古埃及文化中具有重要象征意义，代表了力量、权威和神秘。

塔尼斯的狮身人面像是埃及境外保存的体积最大的狮身人面像之一，它拥有奇特的人首狮身造型，人的面孔仿照古埃及法老的样子雕刻而成。狮身人面像被认为是依照斯芬克斯的形貌雕刻的，斯芬克斯是古希腊神话中的怪物，拥有人的头，狮子的躯体，带着翅膀，传说是巨人与妖蛇所生。

这座雕像是在埃及第21王朝和第23王朝的首都塔尼斯的阿蒙－拉神庙遗址中发现的。不过，雕像本身的完成时间比圣庙要更早，目前仍存在争议。主要观点有两种：一种认为雕像完成于第四王朝，另一种认为完成于第十二王朝。在雕像的原始铭文上，仅存有关于法老阿蒙涅姆赫特二世（第十二王朝）、麦伦普塔（第十九王朝）和舍顺克一世（第二十二王朝）的部分。

小提示

在埃及吉萨的金字塔墓区，有着世界上最大、最古老的狮身人面像。长约73.5米，宽约19.3米，高约20.22米，是埃及最著名的雕像之一。由于其无论是在年代、外型，还是在建造者身份上都充满争议，因此这些问题被世人称作“狮身人面像之谜。”

盘腿而坐的书吏

工艺精湛的古埃及杰作

这位抄书吏盘腿而坐，手中和腿上铺着半卷莎草纸，似乎正在书写或记录。他脸上的神情尤为引人注目，镶嵌水晶石的双眼看上去炯炯有神，极富表达力。这样逼真的面目特征和人物僵化、较少细节的身体形成了鲜明对比。书吏的手维持在写字的位置，其右手被推测曾拿着芦苇笔，但笔早已下落不明。

创作年代： 约公元前 2600 年一公元前 2350 年

类型： 石灰岩雕塑

尺寸： 高约 53.7 厘米；宽约 44 厘米；

来源地： 埃及萨卡拉墓地

盘腿而坐的书吏，又称为书记坐像、抄书吏坐像，是一座古埃及的石雕雕像，创作于约公元前2600年至公元前2350年之间的埃及古王国时期。这座雕像刻画了一名古埃及的抄书吏盘腿而坐的工作情景，反映了古埃及时期人们对知识和文化的重视，是古埃及文化和文明的珍贵见证。

这座彩绘石灰石雕像堪称古埃及艺术一大杰作。其中眼白部分由一整块白色带红色纹理的菱镁矿镶嵌而成，瞳孔由抛过光的水晶组成。水晶背面覆盖着一层有机材料，赋予虹膜蓝色并用作黏合剂。两个铜夹将眼睛固定住。眉毛上标有深色有机油漆的细线。雕像的双手，尤其手指和指甲都经过了精细雕琢。胸部乳头部位由两个木钉楔入。

尽管进行了大量研究，人们仍然未能确认雕像中的书吏身份。与大多数古埃及雕塑不同，盘腿而坐的书吏上没有标明辨别身份的象形文字铭文。半圆形的底座显示其最初应该是镶嵌在另一块更大的岩石中，而这块岩石上可能带有名字和标题，但这块大岩石已消失得无影无踪。他柔软的身体，略显肥胖的体态说明，他有可能是一位非常显赫的达官贵人。

小提示

古埃及共分30个王朝，其中古王国时期包括第三至第六王朝（约为公元前2686年—公元前2181年）的4个王朝。这一时期因修建为数众多的金字塔建筑群而闻名于世，因此也被称作金字塔时期。国王斯尼弗鲁为金字塔建筑的艺术格局奠定了基础，其后的胡夫、哈夫拉和孟考拉三位国王则在吉萨地区兴建了数座金字塔。这一时期的古埃及文化经过了多方面的融合并达到历史上的第一个巅峰，连同后来的中王国时期和新王国时期，共同标志着尼罗河流域文明的兴盛。

古王国国王头像
纽约布鲁克林博物馆藏

文物小知识

书吏：古埃及的重要职位

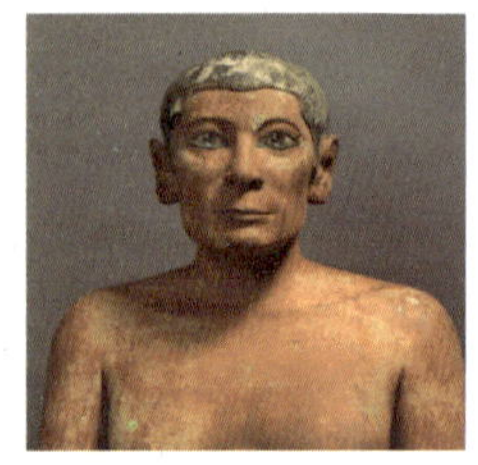

“书吏”在埃及词语中意指“书写之人”，即抄写员，是古埃及官僚政治制度中的重要管理阶层。在古埃及，上至王国大臣，下至行政机构级别最低的雇员，全都被纳入这一广泛称谓中。书吏的基本职责之一，就是管理国家财产和人事调配。通常，大臣和重要行政部门的长官手下，都有几百名官吏负责具体的组织工作，每个大地主也都会任用书吏组织管理并监督农业生产活动和手工制造业。书吏由此被分成分管田地的书吏、分管仓库的书吏、分管粮食的书吏及分管大小牲畜的书吏等等。

书吏的职责和地位

埃及的书吏掌握着记录、计算、测量、检查、裁判等一系列埃及行政权力，堪称古埃及官僚政治中重要的中坚分子。甚至在诸如搭建金字塔这类巨大建筑工作上，书吏也发挥了重要作用，他们除了帮助统治者与埃及人民进行沟通之外，还会负责后勤管理工作，使王国得以运行。

抄书吏是当时为数不多需要有读书、写字技能的职业，因此他们享有很高的声望和丰厚的报酬，在古埃及地位很高。当时的人认为，识字的人拥有通过将某物写成文字或重复书面文字来使某物存在的能力。因此，许多法老和高级官员，都会以某种形式的图像或雕塑来描绘书吏，并将他们放置在坟墓中，以便能够利用他们的技能来帮助自己的来世。众多书吏雕像便由此产生。

新王国时期早期雕塑纪念书吏Minnakht“敏的力量”
巴尔的摩Walters艺术博物馆藏

卢浮宫内另一件坐着的书吏坐像，约为第五王朝期间制作

不同时期的书吏雕像

在已出土的古埃及文物中，发现了很多书吏的雕像，他们的抄写姿势相对标准，一般都是盘腿而坐，双腿交叉在部分展开的纸莎草卷下方，右手握笔。下面，我们就来看看，埃及博物馆中收藏的不同时期的书吏雕像。

书吏雕像

时期： 古王国时期，第五王朝

材质： 彩绘石灰石；眼睛：水晶、方解石、铜

尺寸： 高 51 厘米

发现地点： 萨卡拉

合普之子阿蒙霍普书吏雕像

时期： 新王国时期

王朝： 第十八王朝

材质： 花岗岩

尺寸： 高 117 厘米

发现地点： 卡纳克神庙

帕迪亚穆诺佩特书吏雕像

时期： 古埃及晚期，第二十六王朝

材质： 石英岩

尺寸： 高 74 厘米

发现地点： 底比斯东部，卡纳克神庙阿蒙辖区

内斯帕卡舒提书吏雕像

时期： 古埃及晚期，第二十六王朝

材质： 杂砂岩

尺寸： 高 80 厘米

发现地点： 底比斯东部，卡纳克神庙阿蒙辖区

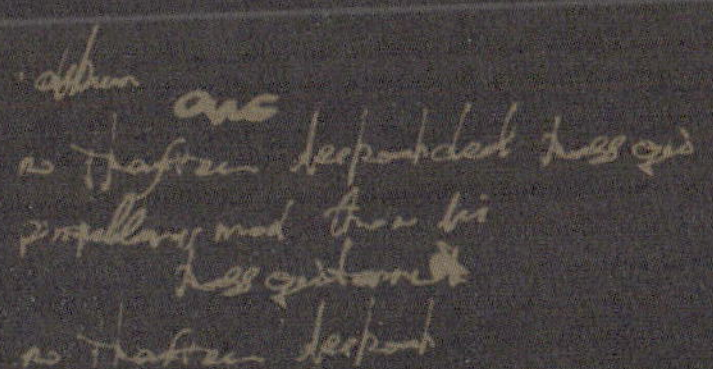

Jacques-Louis DAVID
Paris 1748-Bruxelles1825

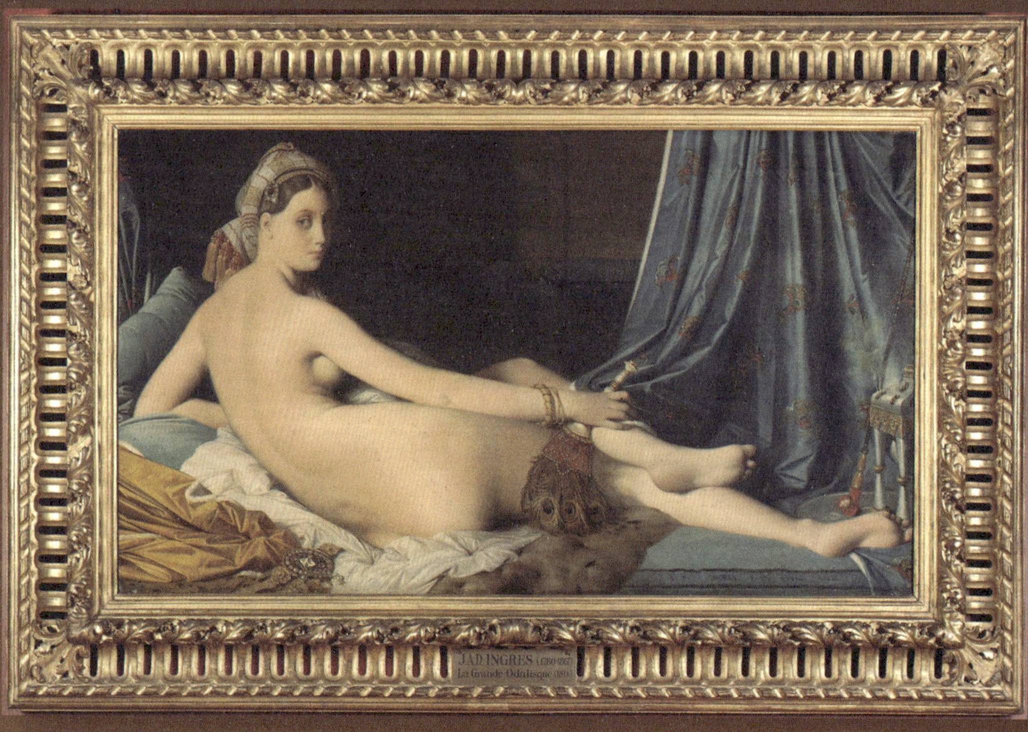
J.A.D. INGRES
La Grande Odalisque

DAVID (JACQUES LOUIS) 1748-1825

自由引导人民

浪漫主义的杰作

创作者：
德拉克洛瓦

创作年代： 1830 年

类型： 布面油画

尺寸： 宽 260 厘米；
长 325 厘米

画面正中是戴着弗里吉亚帽的自由女神，她右手高举，手中挥动着象征革命的红白蓝三色旗，左手拿步兵枪，正跨过尸体向前迈去。

在自由女神身后，跟随着一群手持武器向前冲的人。这个男人是工人装扮，右手持土耳其弯刀，腰间别火铳。

这个男人做资产阶级人士打扮，双手握一支长火枪。

《自由引导人民》，也译作《自由领导人民》，是法国浪漫主义画家欧仁·德拉克洛瓦为纪念1830年法国七月革命而创作的油画作品。这幅画以其激情四溢的画面和政治象征而著称，描绘了自由女神引领着各个社会阶层的民众前进，表达了民众团结一致追求自由和进步的决心。

《自由引导人民》全画采用了金字塔式的三角构图法。倒在地上的尸体、战斗的人群以及高举三色旗的自由女神，构成了一个稳定又蕴藏动势的三角形。象征自由、平等、博爱的三色旗正好位于金字塔的最高点，主题突出，气势非凡。

画家有意大量使用了法兰西共和国国旗上的红、白、蓝三种颜色，不仅用在三色旗上，也用在了画面其他地方。其中最明显的，是伏跪在自由女神脚边的男子的衣着：他的红色腰带、蓝色布衫以及布衫下露出的一截白色内衫，恰好重现了三色旗的颜色排列。此外，在弥漫着浓浓硝烟的背景中，低纯度暗色的人物又凸显出中心的女神形象。强烈的色彩对比，使整个画面热情奔放，富有力量感。

自由女神左侧是一个举着右臂的小男孩，双手各拿一把手枪。

小提示

自由女神头上戴的弗里吉亚帽，又称自由之帽，是法国大革命时期广泛流行的红色小帽。原是古代小亚细亚的弗里吉亚人所戴，帽成锥形，帽尖向前突出。在18世纪美国和法国大革命中，弗里吉亚帽成为自由和解放的标志而广为传播。法兰西共和国的象征玛丽安娜也戴着弗里吉亚帽。此外，弗里吉亚帽还出现在尼加拉瓜、萨尔瓦多、哥伦比亚、巴拉圭等国的国徽上。动画片《蓝精灵》中，可爱的蓝精灵们大多也戴着弗里吉亚帽。

戴着弗里吉亚帽的路易十六

文物小知识

法国七月革命事件

《自由引导人民》取材于1830年法国七月革命事件，旨在纪念1830年7月27日巴黎人民为推翻波旁王朝而发动的一次起义。

光荣的起义

1815年，拿破仑下台后，逃到国外的路易十八重返法国当上国王，这便是法国历史上有名的“波旁王朝”第二次复辟。1830年7月，路易十八的继承人查理十世为了进一步增强皇权，开始限制人民选举权和出版自由，同时宣布解散议会。

面对猖獗的封建势力，1830年7月26日，巴黎市民纷纷起义，拿起武器走向街垒，为推翻这个复辟的波旁王朝而浴血奋战。革命持续了3天，从7月27日至29日，起义人民与保皇党展开了激烈的战斗，最后占领了王宫，查理十世逃亡英国。这次革命的结果以查理十世退位导致波旁王朝灭亡、奥尔良公爵路易·菲利普继承王位而告终，在法国历史上被称为“光荣的三天”。

《占领巴黎市政厅》 阿梅迪·布尔乔亚

奥尔良公爵路易·菲利普骑着马抵达巴黎市政厅，受到军民欢迎

《欧仁·德拉克洛瓦自画像》

画家其人

欧仁·德拉克洛瓦（1798年—1863年），1798年4月26日出生于沙朗通·圣莫里斯，19世纪法国浪漫主义画派的领军人物。他善于运用色彩，造型技巧可同提香或鲁本斯相媲美，其作品富于表现力，和谐统一。

德拉克洛瓦的代表作品有《自由引导人民》《希阿岛的屠杀》《十字军占领君士坦丁堡》等。1830年秋天，德拉克洛瓦根据七月革命事件，创作了《自由引导人民》。他在写给他兄弟的一封信中提道："当我努力创作的时候，我的心情便好转了……即使我没有为了我的祖国战斗，我也可以用我的画作来歌颂它。"德拉克洛瓦被认为是法国人民的骄傲。

《希阿岛的屠杀》 德拉克洛瓦

自由女神的原型

据说，在这次战斗中，一位名叫克拉拉·莱辛的姑娘，首先在街垒上举起了象征法兰西共和制的三色旗。而另一个少年阿莱尔，在把这面旗帜插到巴黎圣母院旁的一座桥头上时，中弹倒下。画家德拉克洛瓦目击了这一悲壮激烈的景象，于是决心创作一幅画作以作永久的纪念，这便有了这幅著名的《自由引导人民》，画中主体的女性即是以克拉拉·莱辛为原型创作。

拿破仑一世的加冕典礼

新古典主义绘画的杰作

创作者：雅克·路易·大卫

创作年代：1805年—1807年

类型：布面油画

尺寸：宽621厘米；长979厘米

为了使画作更逼真，画家大卫做了许多准备工作。他不但进行了大量的素描练习，还专门制作了模仿加冕全景的模型盘，用人偶按实际场景进行排列，以便按总构思进行画面光线的调整。他还专门邀请了设计歌剧舞台的专家帮助安排人物的远近关系。为了使画中人物更逼真，他专门邀请许多画中人物来家里当模特。画面中骄傲不可一世的拿破仑、毕恭毕敬的约瑟芬、无可奈何的教皇等，每个人物都鲜明生动，令人印象深刻。

《拿破仑一世的加冕典礼》，是法国画家雅克·路易·大卫创作的一幅油画，完成于1807年。这幅油画忠实地描绘了拿破仑一世在巴黎圣母院的加冕典礼场景，画作不但呈现了拿破仑的权威和皇权，也反映了当时法国的宫廷礼仪和政治变革，被认为是法国新古典主义绘画的杰作。

这幅画是为了记录1804年12月2日在巴黎圣母院举行的国王加冕仪式而创作的。画作的中心形象是拿破仑，他头戴皇冠，身着紫红色丝绒材质装饰华丽的锦绣披风，双手捧着小皇冠，正准备将其戴在跪在他面前的皇后约瑟芬头上，以象征皇权的威严。

拿破仑身后，教皇庇护七世正坐在椅子上，注视着眼前的情景。身为主教，却不是亲手进行加冕，无奈的他只是简单地镶嵌在里面。

主体人物，周围站立着王公贵族、大臣、将军、官员、贵妇、红衣主教与各国使节，人物多达百人。

小提示

雅克·路易·大卫（1748年—1825年），法国著名画家，新古典主义画派的奠基人和杰出代表。他生长在巴黎一个富人家庭，16岁考入皇家绘画雕塑院学习，1784年成为皇家艺术院院士，并创作了《荷拉斯兄弟之誓》，从此一举成名。1793年完成名作《马拉之死》。拿破仑掌握政权后，大卫成了拿破仑一世的宫廷画家。他的作品色彩庄重、构图严谨，有激动人心的感染力，反映了艺术家真诚的信仰和激情，是当时最著名的艺术家之一。

文物小知识

拿破仑：传奇的一生

拿破仑·波拿巴（1769年8月15日—1821年5月5日），即拿破仑一世，法国著名军事家、政治家、改革家，历任法兰西第一共和国第一执政（1799年—1804年），法兰西第一帝国皇帝（1804年—1815年）。

《拿破仑翻越阿尔卑斯山》 雅克·路易·大卫

崭露头角的拿破仑

1769年8月15日，拿破仑在科西嘉岛的贵族家庭出生。1784年，他因成绩优异进入巴黎军官学校。在瓦朗斯的炮兵团，他热衷于学习战史、应用物理、数学和建筑。1789年法国大革命后，拿破仑在土伦战役中击败敌军，获雅各宾派赏识，24岁就被提升为准将。1795年，他镇压武装叛乱，一跃成为著名的陆军准将兼巴黎卫戍司令。

拿破仑在服役期间坚持阅读各类书籍，包括启蒙时代的著作、各类历史书籍与法语诗歌

拿破仑的成就

拿破仑作为历史上杰出的军事家之一，通过对外战争显著扩张了法国领土，击败了欧洲多国联盟。他重塑了欧洲版图，增强了法国在中欧、南欧和海外殖民地的影响。他在军政、教育、司法等多方面进行了改革，尤其以颁布《拿破仑法典》最为著名，该法典奠定了现代法国法律体系的基础，并对欧洲其他国家法制产生了深远的影响。

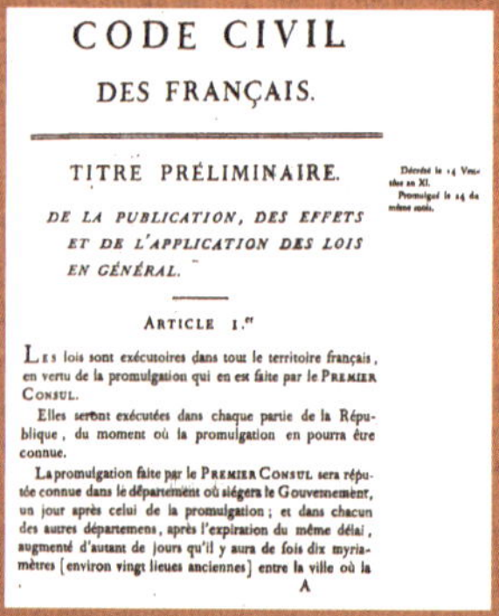

CODE CIVIL
DES FRANÇAIS.

TITRE PRÉLIMINAIRE.

Décrété le 14 Ventôse an XI.
Promulgué le 24 du même mois.

DE LA PUBLICATION, DES EFFETS ET DE L'APPLICATION DES LOIS EN GÉNÉRAL.

ARTICLE 1.er

Les lois sont exécutoires dans tout le territoire français, en vertu de la promulgation qui en est faite par le PREMIER CONSUL.

Elles seront exécutées dans chaque partie de la République, du moment où la promulgation en pourra être connue.

La promulgation faite par le PREMIER CONSUL sera réputée connue dans le département où siégera le Gouvernement, un jour après celui de la promulgation; et dans chacun des autres départemens, après l'expiration du même délai, augmenté d'autant de jours qu'il y aura de fois dix myriamètres [environ vingt lieues anciennes] entre la ville où la

A

《拿破仑法典》原始版本的第一页

登基的拿破仑

1796年，26岁的拿破仑被任命为法兰西共和国意大利方面军总司令。在意大利，他率法军多次击败奥地利帝国的将领，迫使对方签订停战条约。胜利之下，拿破仑的声望也越来越高，成为法兰西共和国的人民英雄。1798年，拿破仑远征埃及并占领亚历山大。巨大的军事声望之下，1799年11月9日，拿破仑连同西哀士等发动了雾月政变，成为法兰西第一共和国执政官。其后的1804年11月6日，法兰西共和国改称法兰西帝国，拿破仑加冕称帝，从此成为“法国人的皇帝”。

雾月政变时的拿破仑

《滑铁卢战役》 威廉·萨德勒

拿破仑的结局

随着战事的延续，拿破仑的霸业最终走向衰落。1814年遭遇多国联军反攻后，拿破仑被迫退位并被流放到地中海的厄尔巴岛。1815年，他短暂逃脱并重登皇位，史称“百日王朝”。然而，在滑铁卢战役中遭受决定性失败后，拿破仑再次被放逐，被送到遥远的大西洋上的圣赫勒拿岛。他在那里度过余生，直至1821年去世。拿破仑的一生堪称传奇，他是近代欧洲史上最具影响力的人物之一，他的统治时期被称为“拿破仑时代”，不仅改变了法国的命运，也深深影响了整个世界的格局和现代化进程。

大宫女

古典裸体艺术的杰出代表

创作者：
让 · 奥古斯特 · 多米尼克 · 安格尔

创作年代：1814 年

类型：布面油画

尺寸：宽 91 厘米；长 162 厘米

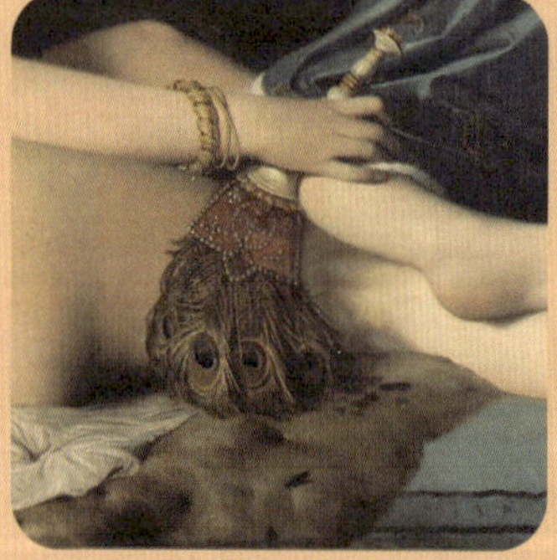

画中的裸体宫女，正背对画面侧卧在蓝色软床上，左腿搭在右腿上，回眸望着画外。她的五官端庄优美，表情沉静，呈现标准的东方美人脸庞。她头上包着一块土耳其头巾，左肘支在床上，身下是凌乱的白色和棕色床布，右手搭在交叠的腿上，拿一把孔雀羽毛扇。她的肌肤光滑而有弹性，身材丰满而修长。画面右侧是蓝色的帷幔，铺展下来紧挨着床铺。画中最引人注目的，是她那仿佛被刻意拉长的背部，呈现出一种独特柔和的美感，展示出女性的阴柔美。

《大宫女》是法国著名画家让·奥古斯特·多米尼克·安格尔于1814年创作的一幅肖像画。画作描绘了一个具有东方情调的土耳其宫女的裸体形象，她以侧卧姿势背对观众，展现出柔美的身体曲线和形态。

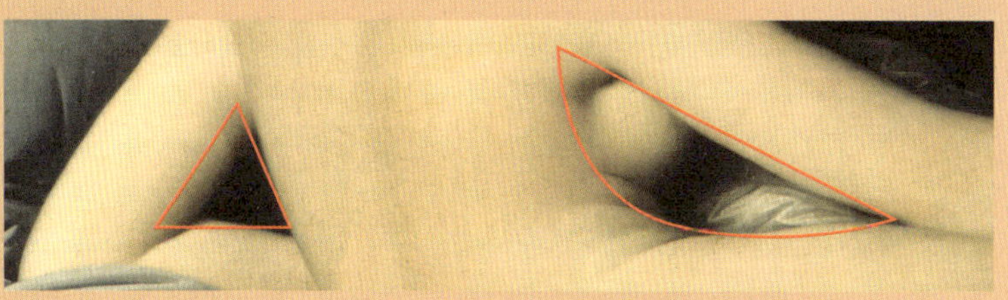

画家安格尔极为重视素描，这幅画中的素描就几乎像是用几何仪器画出来的一样齐整、规则，形成了极为特别的构图。例如，大宫女支起的左胳膊留出了一个规则的三角形空间；右胳膊在身体上留出了一个月牙形的缝隙。这些完美形状的准确描绘，与精湛的素描构图本领密不可分。

整个画面由优美别致的色调构成。画中帷幔的深蓝色与床铺鲜明的黄色相互对照，对比鲜明而又柔和，营造出一种近乎冷艳的美感。

该画是拿破仑的妹妹，即那不勒斯王国王妃卡洛琳·摩拉订购的。此外，这幅画在创作时，恰逢法国在对奥斯曼帝国的战争中失利，曾占有的土耳其领土不复再有。在这种背景下，创作这样一幅生活在奥斯曼帝国宫中的宫女形象，也被看作是一定程度上缓和法国人失望情绪。该画于1899年入藏卢浮宫绘画部，是近代裸体艺术的杰出代表之一。

卡罗琳·波拿巴与她的女儿

小提示

让·奥古斯特·多米尼克·安格尔，法国新古典主义画派的最后一位大师。他追求“绝对的美”，认为古希腊艺术是完美无瑕的典范，同时认为造型的形式美是绘画的根本。他十分推崇古典艺术法则，强调理性原则，重视素描和线条的作用。他的画风线条工整、轮廓准确、色彩明晰、构图严谨，对后世许多画家如德加、雷诺阿，甚至毕加索都有影响。代表作品有《路易十三的誓言》《荷马的礼赞》《大宫女》《土耳其浴室》等。

萨宾妇女

新古典主义的名作

创作者：

雅克·路易·大卫

创作年代：1799 年

类型：布面油画

尺寸：宽 385 厘米；

长 522 厘米

该画的故事取材于罗马神话传说。据说，罗马初建时，男多女少。某次，罗马人假装邀请萨宾人参加自己的宴会，却趁机偷偷攻入萨宾城，抢走了很多年轻貌美的姑娘。从此，双方便结下仇恨，彼此战斗不断。几年后，壮大的萨宾人准备攻占罗马一雪前耻。然而，已为人妻人母的萨宾妇女不愿看到双方亲人厮杀。于是，在战斗即将打响的时刻，她们冲上战场，苦劝自己的丈夫与父兄和好，最终成功促成了两个部落的融合。

《萨宾妇女》又称作“劫夺萨宾妇女”，是雅克·路易·大卫在牢狱之灾后，用4年时间完成的巨幅画作。画作追求对历史事件的逼真反映，体现了新古典主义艺术的审美追求和艺术追求。

这幅油画，主要描绘了一位女性挡在罗马人和萨宾人中间阻止双方厮杀的场景。画面中心的女性名叫赫西莉亚，她双臂大张，不顾怀中已掉落的孩子，挡在前方两人中间。

前方左边，是赫西莉亚父亲萨宾人领袖蒂图斯·塔蒂乌斯，他正手持盾牌作防御状；前方右边，是她丈夫罗马王罗穆卢斯，他一手持盾牌，一手正欲投掷长矛。他们正在剑拔弩张地对峙。

画面中间的几名妇女正要冲向前阻止。其中一名妇女怀抱婴儿抱住了萨宾领袖的腿，似乎在祈求。另一名妇女则将孩子高高举起。在她们身后，无数长矛林立，预示着双方的战事一触即发。

路易十四画像

法国宫廷奢华的象征

创作者：

亚森特·里戈

创作年代：1701 年

类型：布面油画

尺寸：长 277 厘米；宽 194 厘米

《路易十四画像》是法国著名画家亚森特·里戈于1701年创作的一幅肖像画。这幅画描述了法国历史上最具影响力的君主之一——路易十四的庄严形象。画作呈现了当时法国宫廷文化的繁荣和华丽，成为路易十四时代文化和政治历史的象征。

在这幅画中，路易十四站在一个台子上，头戴黑色假发，身着蓝底绣金色鸢尾花的宫廷礼服，右手握国王权杖，身体左侧佩戴着号称“查理大帝宝剑”的加冕宝剑，宝剑通体黄金，上饰珍宝。国王的王冠和司法正义权杖放在他身旁同样蓝底金花的垫子上。在他身后，左侧背景中是一根柱子，柱子底座装饰有象征法律的正义女神浅浮雕。背景部分的右边，是同样蓝底金花的国王宝座，上方罩着一顶红色华盖。

画面背景的柱子和国王宝座，都象征着力量；而柱子底座的正义女神浮雕，一手持剑，一手握着天平，则象征着国王对他的臣民负有的责任——通过法律主持正义。

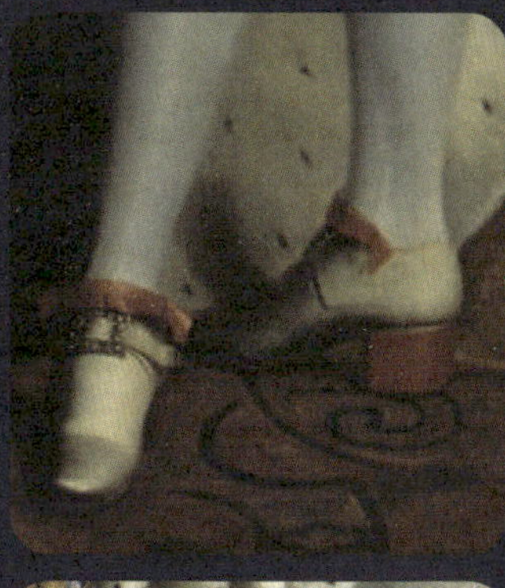

《路易十四肖像画》 亚森特·里戈

这幅肖像画源于1700年10月1日的历史事件：西班牙国王查理二世逝世后，无儿子继承王位，他指定法国路易十四的孙子菲利普·安茹为继任者。路易十四接受遗嘱后，委托宫廷画师亚森特·里戈为自己绘制肖像画作为礼物送给安茹。画作完成后，路易十四及宫廷人员均赞叹不已，于是他留下原作，让里戈为孙子再制作一幅。

小提示

亚森特·里戈（1659年—1743年），18世纪法国著名肖像画家，专精于宫廷人物画像。出生于彼尔比尼扬，22岁移居巴黎致力于艺术创作，31岁成为宫廷画师。他的作品以精确素描和丰富色彩著称，擅长描绘人物、服饰和环境的质感与空间感，作品中的人物显得尊贵超凡。他被誉为“画者之王，王之画者”。

文物小知识

“太阳王”路易十四

路易十四（1638年9月5日—1715年9月1日），全名是路易·迪厄多内·波旁，也被称作“路易大帝”和“太阳王”，是波旁王朝的法国国王和纳瓦拉国王。他在位时间长达72年零110天，是有确切记录的在位最久的主权国家君主。他缔造出了法兰西王权时代最为辉煌、强盛的黄金时代。同时代的著名哲学家莱布尼兹曾评价他为：“有史以来最伟大的国王之一”。

幼年的路易十四

路易十四的童年

路易十四出生在法国的圣日耳曼昂莱，是法国国王路易十三的长子。1643年5月14日，4岁半的路易十四继承王位，由母后奥地利的安娜摄政，枢密院首席大臣红衣主教儒勒·马萨林辅政。直到1661年马萨林死后，他才真正开始亲政。从1643年到1661年，路易十四先后经历了欧洲三十年战争、法国投石党运动，一路经历逆境而长大，其间还在暴乱中两次逃出巴黎。这些，都对年幼的小路易产生了深远影响。

青年路易十四

1661年马萨林病逝，青年国王路易十四宣布不再任命宰相，而是要自己亲力亲为。据说，他一天工作8小时以上，以超凡的热忱和精神治理国家，很快就成为全欧洲最优秀的英明君主。一方面他积极宣传君权神授，彻底驯服了法国贵族和教会主教。另一方面他重用有非凡才干的中产阶级，帮他打理分工越来越精细的国家事务。由此，他逐渐创立了一个有史以来最无与伦比的绝对君主制。著名的凡尔赛宫就是路易十四在位期间建造的。

营建中的凡尔赛宫

路易十四的功绩

让路易十四声震欧洲的，还有他执政之后的一系列军事行动。在他的领导下，法国发动了一系列战争，包括法荷战争（遗产战争）、大同盟战争、西班牙王位继承战争等，这些战争使法国领土大大扩张，成为欧洲名副其实的霸主，也让路易十四彻底打响了“太阳王”“路易大帝”的名号。

1672年，路易十四发动法荷战争，领军渡过莱茵河

路易十四指挥对康布雷的围攻

路易十四在凡尔赛宫去世

走下神坛的路易十四

尽管路易十四功绩斐然，但他发动的大量战争也拖垮了法国的经济，导致大量民众因饥荒而死亡，人口迅速下降，为了维持经济而逐渐增加的税收也激起了民愤。于是，到晚年的时候，路易十四原本的伟大形象，几乎丧失殆尽。人们不再把国王比作太阳，“太阳王”的称号也消失在当时法国人的言论中。1715年9月1日上午8时15分，路易十四在巴黎凡尔赛宫内去世，享年77岁。尽管他是一位有争议的国王，但时至今日，大多数法国人依然认可他对法兰西所做的贡献。

路易十四的珠宝箱

巴洛克风格的艺术珍品

创作年代：公元 17 世纪

类型：黄金珠宝箱

尺寸：高 25.4 厘米；宽 47.5 厘米；深 36.2 厘米

这口珠宝箱属于法国波旁王朝的国王路易十四，代表了17世纪法国宫廷的奢华和经济的繁荣。该珠宝箱装饰华丽，制作精良，装饰有黄金、宝石、珍珠、象牙及珐琅等高贵材料，整个设计充满了巴洛克风格。

箱子四面和上方有五个镂空和凿刻的金色镶板，装饰有大型的卷轴，上面点缀着一簇簇花朵，包括玫瑰、郁金香、百日草、水仙、康乃馨和百合花，此外还有小藤蔓叶子、卷须和花茎。所有这些都是对称排列的。

在箱子的四角，有四个纯金打造的狮子爪，正踏在下方的小卵石上，其中一只狮脚的下方雕刻有“298”字样。在箱子两侧的手柄上，装饰着排列整齐的树叶。

箱子用橡木制成，木箱上覆盖着蓝色的丝绸。

文物小知识

波旁王朝的工艺珍宝

路易十四统治时期的王朝，在历史上属于波旁王朝的一部分。波旁王朝，因起源于法国中部的波旁地区而得名，是一个在欧洲历史上曾断断续续地统治包括纳瓦拉、法国、西班牙、那不勒斯与西西里、卢森堡等国和意大利若干公国的跨国王朝。

作为欧洲历史上最为显赫的君主家族，波旁王朝不但在政治、军事、经济等领域令人瞩目，更在全欧洲掀起了一股奢华与华丽的皇家宫廷之风。在由路易十四下令建造、被誉为世界上最华丽宫殿的凡尔赛宫里，波旁家族从家具用品到生活中的一些小物件，都极尽奢华。这些物品包括定制家具、室内装饰品、陶瓷器皿等，原料昂贵、造价不菲，凝结了最精湛的工艺技巧，至今仍然散发着夺目的光芒。

路易十五的个人王冠

年代： 1722 年

材质： 银与部分镀金

尺寸： 高 24 厘米；宽 22 厘米

这顶王冠由珠宝商克洛德·隆德设计，据说用了 282 颗钻石、64 颗蓝宝石和 237 颗珍珠。不过在路易十五加冕后，装饰王冠的宝石和珍珠被仿制品所取代。

玛丽·安托瓦内特收藏的花瓶及底座

年代： 1785 年左右

材质： 青铜镀金

尺寸： 高 25.8 厘米；底座宽 21.6 厘米

四边形的花瓶放置在大理石底座上，四角各有一尊镀金的带翼狮鹫雕像。瓶身每个面都装饰有仙女浅浮雕，上方的四角装饰着直立的海豚头，都被镀成了金色。

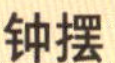

长方形镀金木屏风

制作者：诺埃尔·科佩尔

材质：木材镀金

尺寸：高 122.5 厘米；宽 89 厘米

这是一件长方形的屏风，中央可移动面板上装饰着“酒神凯旋”挂毯的碎片。

钟摆

年代：18 世纪下半叶

材质：青铜镀金

尺寸：高 60.5 厘米；宽 35.5 厘米

这个钟摆虽是 18 世纪的物件，但后续增加了 19 世纪的附加物，花环上还有现代的螺丝。

贝里公爵夫人的珠宝盒

年代：1829 年

材质：青铜镀金

尺寸：高 28.3 厘米；宽 34 厘米；深 23.5 厘米

这个盒子呈哥特式神殿形状，由硬瓷和镀金青铜制成，是塞夫尔工厂根据装饰学家查尔斯·弗朗索瓦·勒洛伊的设计制造的。

糖粉罐

年代：1725 年—1727 年

材质：银

尺寸：高 28.2 厘米；宽 11 厘米；深 15 厘米

这对糖粉罐的外观是两个奴隶正扛着一大捆甘蔗。它们的上半部分可拆卸，通过每根甘蔗中空的孔口，来实现糖罐的功能，非常精妙。

摄政王钻石

世界上最美的钻石之一

摄政王钻石是世界十大名钻之一，于1698年在印度被发现。这颗钻石是少数几枚天然钻石之一，被广泛认为是世界上最美丽、最纯净的钻石之一。

创作年代：1698 年
类型：珠宝（钻石）
重量：约 140.64 克拉
来源地：印度

摄政王钻石最初被发现时，是一颗原重 410 克拉的天然巨钻。后来，经过精心设计切割，大钻石被加工成若干颗小钻石，其中最大的一颗重 140.5 克拉，也就是摄政王钻石。现在看到的这颗钻石，大致呈方形，厚重，干净透明。垫形切割使得钻石刻面较大，由此增加了钻石本身的亮度，而较大的刻面也使钻石内部的内含物变得明显，整体看起来更绚烂夺目。整颗钻石隐隐透出蓝白色，更增添了独特的美感。

小提示

钻石的形状也称为“切工”，例如圆形或公主方形切工。垫形切工又称枕型切工，是正方形或长方形的、具有类似于枕头的圆角，通常有58个切面。垫形切工可以让钻石反射出较多光线，从而获得更好的闪烁效果，使钻石更明亮、更具有动感。

文物小知识

传奇的摄政王钻石

菲利普二世像

钻石的命名

1698年，在印度戈尔康达矿山工作的一名奴隶，发现了一块天然钻石。随后被英国总督托马斯·皮特购买，并于1702年运回伦敦。随后，当时著名的钻石切割师哈里斯耗时两年，最终将钻石分割，其中最大那颗被命名为“Pitt”钻石。1717年，法国摄政王菲利普二世花费13.5万英镑买下“Pitt”钻石。从此，这颗钻石就被称为摄政王钻石，开始了它在法国皇室的辉煌之旅。

传奇的流传经历

1721

1721年，路易十五在接待土耳其使者时首次佩戴了摄政王钻石。

1723

1723年，路易十五又佩戴镶嵌着摄政王钻石的王冠登上加冕典礼。此后从1725 年 9 月 5 日到执政结束，他都一直将这颗钻石镶嵌在王冠上。

1775

1775年6月11日，路易十六加冕时，也制作了一顶新王冠，并将钻石镶在皇冠上。

1792

1792 年，受法国大革命影响，摄政王钻石连同其他珠宝一起被盗，直到1801 年才被拿破仑收回。

1812

1812年，它成为拿破仑一世皇帝剑上的装饰品之一。随着政权不断更迭，它又相继被镶嵌在多位皇帝的王冠上。法兰西第三共和国成立后，它作为王室珍宝被收归国有。

1945

1945年被收藏进卢浮宫。

查理五世权杖

权力的象征

权杖通体金色，下方圆柄上雕刻有百合花，顶部是一个装饰着许多宝石和珍珠的鞍头。

创作年代：
14 世纪下半叶，1380 年之前

类型： 金银器

尺寸： 长 60 厘米

这是神圣罗马帝国皇帝查理五世为了给自己的儿子查理六世加冕，而命人打造的一把象征王室权力的权杖。权杖由黄金和宝石制成，装饰华丽名贵，是一件制作精良的艺术品。作为国王的权杖，它统治了神圣罗马帝国、西班牙、荷兰和其他领土，代表了当时皇帝的权力和荣耀。

杖首上连着一顶百合花花冠，花冠之上托着一尊查理大帝的小雕像。雕像中的查理大帝头戴王冠，王冠上有个十字架，正端坐在王座中，左手拿地球仪，右手拿权杖。宝座两边装饰着鹰图案的徽章。

小提示

《查理五世像》 提香

查理五世（1500年—1558年），作为西班牙国王，他先后来到南美洲，占领了智利和秘鲁，使西班牙成为当时的海上霸主。他还先后在与法兰西王国、奥斯曼帝国的战争中取得胜利，使西班牙帝国在当时盛极一时。作为神圣罗马帝国皇帝，他统治的领域包括西班牙、奥地利、荷兰、比利时、卢森堡以及名义上的神圣罗马帝国，此外还包括非洲的突尼斯、奥兰等。整个帝国跨越两个半球，被称为“日不落帝国”。他还重用并且出资资助了麦哲伦进行环球旅行。

苏杰尔之鹰

哥特风格的起源

创作年代：12 世纪上半叶，1147 年之前

类型：斑岩花瓶

尺寸：高 43.1 厘米；宽 27 厘米

圣丹尼修道院的院长苏杰尔，在其关于行政工作的书中，介绍了这件花瓶的形成。据他所说，他在一个箱子里发现了抛光得令人赞叹的斑岩花瓶。很快，他就产生了通过添加金银底座银金坐骑将其变成一只鹰的想法。他认为这样能让它看起来更加美丽，配得上神圣的祭坛。在苏杰尔之鹰的瓶身和鹰颈连接处，他还命人刻下一段拉丁诗句，以总结他的想法——"此石（即斑岩瓶）应镶嵌黄金和宝石。来自大理石，但它比大理石还要珍贵。"

苏杰尔之鹰，是一件精美的鹰形斑岩花瓶，来自巴黎北部的哥特式教堂——圣丹尼修道院的宝库，原为修道院的弥撒用品。最初，它只是一只形态正常、制作精美的斑岩花瓶，来自古埃及或古罗马时期。后来在12世纪的苏杰尔修道院时期，被苏杰尔命人改制成了鹰形的礼拜用盛瓶。它的出现，标志着哥特式艺术的开始，被认为是哥特风格的起源。

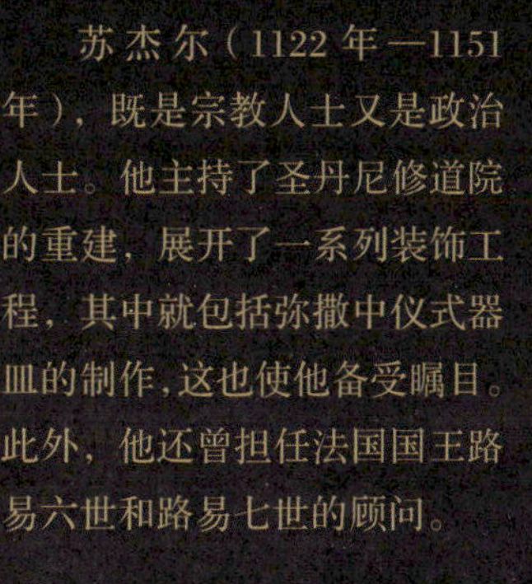

苏杰尔（1122年—1151年），既是宗教人士又是政治人士。他主持了圣丹尼修道院的重建，展开了一系列装饰工程，其中就包括弥撒中仪式器皿的制作，这也使他备受瞩目。此外，他还曾担任法国国王路易六世和路易七世的顾问。

苏杰尔之鹰的独特之处在于，它是由多部分混合构成的。整体看，鹰的身体由古代斑岩瓶构成，但鹰的头、双翅和脚爪都由覆盖着镀金压纹银的金属制成。鹰展开的尾巴巧妙地形成了瓶子的三脚座。整个瓶子造型简洁明朗，几乎呈几何形态，只在翅翼、颈部和头部细节中透出了一些现实主义格调。

巴黎近郊的圣丹尼圣殿主教座堂，前身为圣丹尼修道院

小提示

对于“苏杰尔之鹰”，一直有个疑问，那就是为什么苏杰尔要把古瓶打造成鹰形的盛瓶。人们推测，他有可能是借鉴了东方的动物形状器皿，或借鉴了拜占庭布匹上的鹰形装饰花纹。此外，也可能跟宗教有关。在基督教中，鹰形图案象征着特定的角色，那就是圣经中耶稣生平事迹的四位撰写者之一——传福音者圣约翰。

圣约翰画像

阿勒穆黑哈圣体盒

伊斯兰精致工艺的杰作

创作年代： 约 968 年

类型： 象牙首饰盒

尺寸： 高 18 厘米；直径 11.8 厘米

来源地： 西班牙

倭马亚王朝原本统治着从西班牙到印度的广大土地，但后来被阿拔斯王朝推翻。圣体盒上的装饰图案，都带有与当时倭马亚王朝相关的象征意义：被偷窃鹰蛋的老鹰，象征倭马亚王朝；来自中东的椰枣树，象征着失落的倭马亚家园；在采摘椰枣的人身后，老鹰被畜生紧咬不放，象征他们的危险处境；而偷取鹰蛋的人也正被狗咬住，象征他们的反击。事实上，收到礼物的王子后来也确实遭到暗杀，最终未能如圣体盒上所示，成功摘取权力的果实。

阿勒穆黑哈圣体盒所用的材料是珍贵的象牙，盒盖底部的铭文显示，这尊圣体盒是进献给哈里发阿卜杜拉·让曼三世的儿子——阿勒穆黑哈王子的。

盒身饰以一系列丰富的人物画像，分布在四个椭圆形浮雕中。浮雕整体由四个大图案组成，分别是三个人在弹奏乐器、背靠背的两个人正从鹰巢里拾取老鹰蛋、两个骑马者从树上摘椰枣，以及公牛和狮子的战斗场面。此外还有其他一些动物、人物图案，以及植物纹饰和装饰性文字。盒盖上也是一样的构图：孔雀、老鹰、狮子以及骑士分布于各个浮雕之上。

在阿勒穆黑哈圣体盒的制造上，制作者特意凸雕某些部分，其他部分则完全从底部镂空。盒子内部被设计成多个分隔仓室，用于存放珠宝首饰、胭脂水粉或香水香料等。

小提示

倭马亚王朝，是阿拉伯帝国的第一个世袭制王朝，由前叙利亚总督穆阿维叶所创建。王朝统治开始于661年，结束于750年。倭马亚王朝时代建立了几座重要的清真寺，比如大马士革的倭马亚大清真寺。

孔雀瓷盘

精美的伊斯兰陶瓷工艺品

创作年代：1540 年—1555 年
类型：陶瓷
尺寸：直径 37.4 厘米
来源地：土耳其

孔雀瓷盘是奥斯曼帝国最享有盛名的陶瓷制品之一。它以华丽的装饰而闻名，盘中心装饰着一只绚烂多彩的孔雀。瓷盘制作工艺精湛，是一件美丽的艺术品，反映了伊斯兰文化时期高超的陶瓷工艺水平。

一支藤蔓伸展的花束环绕瓷盘表面铺展开来。花束生长于同一枝蔓，向周围伸出的纤细花茎上长着羽毛般的叶子和盛开的花朵。栩栩如生的花朵摇曳在枝头，给瓷盘带来鲜活的气息。

在瓷盘中心最粗大的一枝花茎顶端，是一朵硕大的花朵。花朵外带有鳞叶，像果实内部的种子，它沉甸甸的外观赋予了整个装饰画面稳定感。

在大花朵边上，栖息着一只披着薰衣草蓝羽毛的孔雀。

萨兹风格的盘子

这件孔雀瓷盘的制作源自当时流行的一种叫“萨兹”的艺术风格。“萨兹”在土耳其语中意指“茂盛的森林”。“萨兹”风格是基于植物图饰的装饰风格，其特点是繁复的画面构图由一朵硕大的“果实花”来取得平衡。

小提示

奥斯曼帝国（1299年—1923年），是土耳其人建立的多民族帝国，因创立者为奥斯曼一世而得名。奥斯曼人原是一个突厥小部族，初居中亚，后来日渐兴盛，于1453年消灭拜占廷帝国后，定都君士坦丁堡。16世纪苏莱曼大帝在位时，奥斯曼帝国愈发鼎盛，领土在17世纪达到最高峰，其极盛时疆域达亚、欧、非三大洲。第一次世界大战中，奥斯曼帝国败于协约国之手因而分裂。1923年，土耳其共和国成立，奥斯曼帝国灭亡。

番红花城的建筑是保存良好的奥斯曼住宅建筑

弓箭手檐壁

独特的古波斯艺术

创作年代：公元前 522 年一公元前 486 年

类型：建筑壁饰

尺寸：高 475 厘米；宽 375 厘米

来源地：伊朗苏萨阿帕达纳宫

弓箭手檐壁是波斯阿契美尼德帝国著名的檐壁。这块檐壁曾是苏萨城大流士一世王宫壁饰的一部分。

画面中，两队弓箭手正双手握着矛杆，缓步向前，矛杆的下端放置在他们正迈向前方的脚上。他们都戴着草叶编织的冠冕，穿着带有褶皱的宽袖饰带波斯长袍，肩背两端戴着鸭头形状的弓和箭筒。从弓箭手的整体姿态样貌推断，这可能是战无不胜的卫士。

巴比伦游行大街的迈步狮纹镶板

这座弓箭手檐壁被认为借鉴了100多年前国王尼布甲尼撒二世修建的巴比伦游行大街的装饰风格。不同的是，巴比伦艺术家们使用的是黏土砖，而这座弓箭手檐壁使用的是硅砖。

考古发现，这座弓箭手檐壁应该是一个大型王宫壁饰的一部分。遗憾的是，人们无法得知这块弓箭手檐壁的确切位置。根据考古假设，它原本应该在高墙上排成若干队列，而且几乎覆盖了整个王宫外壁，范围可达百米。

小提示

阿契美尼德王朝，也称波斯帝国，它是古波斯地区第一个横跨欧、亚、非三洲的帝国。公元前550年，波斯人灭掉米底王国，建立波斯帝国。公元前513年，大流士一世攻占色雷斯，使波斯帝国疆域横跨亚、非、欧三大洲，帝国达到鼎盛。公元前330年，波斯帝国末代国王大流士三世被杀，波斯帝国至此灭亡。

阿契美尼德王朝创建者居鲁士大帝陵寝

法国其他博物馆名录（节选）

奥赛博物馆

凡尔赛宫

国立中世纪博物馆

法国吉美博物馆

卢浮宫国家艺术与历史博物馆

大皇宫国家美术馆

蓬皮杜国家艺术文化中心

马尔蒙坦-莫奈博物馆

巴黎邮政博物馆

萨莫色雷斯岛的胜利女神

图书在版编目（CIP）数据

世界博物馆全书. 第一辑. 卢浮宫博物馆 / 红糖美学著. -- 武汉：华中科技大学出版社，2024. 11.
（世界瑰宝系列）. -- ISBN 978-7-5772-1165-7

Ⅰ. G269.1

中国国家版本馆CIP数据核字第2024XB4065号

世界博物馆全书. 第一辑 卢浮宫博物馆

Shijie Bowuguan Quanshu Di-yi Ji Lufugong Bowuguan

红糖美学 著

出版发行：华中科技大学出版社（中国・武汉）
华中科技大学出版社有限责任公司艺术分公司

电话：（027）81321913
（010）67326910-6023

出 版 人：阮海洪

责任编辑：张 颖 刘昊威 杨志新 封面设计：JOJO

责任监印：赵 月 张 丽

制 作：王玉平
印 刷：北京兰星球彩色印刷有限公司
开 本：889mm × 1194mm 1/16
印 张：60
字 数：550千字
版 次：2024年11月第1版第1次印刷
定 价：998.00元（全10册）